講談社文庫

教誨師

堀川惠子

講談社

教誨師◎目次

第三章　生と死の狭間

第四章　予兆

第五章　娑婆の縁つきて

第六章　倶会一処

渡邉普相氏へのインタビューを引用する際は、その発言内容・言葉遣いを尊重し、出来るかぎり忠実に再現した。また、引用した裁判資料、文献資料などの中には、今日からみれば不適切な表現がみられるが、発表当時の社会背景を鑑み、そのままとした。

序章　坂道

寺の本堂は、静まり返っていた。年老いた僧侶がひとり、阿弥陀仏《あみだぶつ》を背負うようにして座っている。暫《しばら》くの沈黙の後、ようやくその口が開いた。

「この話は、わしが死んでから世に出して下さいの」

こちらを見据える色のない瞳は、有無を言わさぬ迫力に満ちている。僧侶の鼻孔は、酸素を吸入するための「カニューレ」と呼ばれる透明なチューブを装着していて、時おり肩を揺らして激しく咳《せ》き込む。ヒューヒューと、どこかから空気がもれるような苦し気《げ》な息遣いで、彼は重ねて念を押した。

「今はまだ、都合がよろしゅうないですけえの、ええ、わしが死んでからですぞ。これだきゃあ、よろしゅう頼みますで」

内陣《ないじん》の奥の灯明が、返事を促すように揺れる。「はい」というほか答えようがなかった。そんな約束を交わしたのは、二〇一〇年初夏——。

その寺は、三田の丘の上にあった。

東京・麻布十番の交差点から南に歩くと二つ目の橋、その名も「二ノ橋」に差しかかる。江戸時代、この界隈《かいわい》は、現在の港区を東西に分断する古川《ふるかわ》を中心に開拓された。その古川も、今や首都高速二号線の巨大な架橋に頭上をすっかり覆われ、年々、存在感を薄めている。

二ノ橋から古川を渡ると、日向坂《ひゅうがざか》が始まる。情け容赦のない急勾配《こうばい》の坂道だ。秋には歩道の楓《かえで》が燃えるような赤色に染まり、坂はその時期だけ都心のちょっとした名所になる。ここから町名は麻布から三田へと変わり、丘の上に広がる町には「綱」という字が目につくようになる。「綱坂」、「三田綱町」、そして三田一丁目と二丁目の境にある「綱の手引坂《てびきざか》」等々。

「綱」とは、平安時代に活躍した武将、渡邉綱《わたなべのつな》に由来する。源頼光に仕えた四天王の筆頭格で、大江山の妖怪・酒呑童子《しゅてんどうじ》を退治したり、鬼の腕を切り落とした武勇伝(「羅生門」として伝わる伝説)で知られた、いわば時代のヒーローだ。東京・三田は綱が生まれた地、とする説があり、町内のオーストラリア大使館には、綱の産湯に使ったという井戸まで保存されている。

その大使館の斜め前に、やはり「綱」の文字を頂く浄土真宗の寺がある。綱生山當光寺《こうしようざんとうこうじ》。

道路から三〇段ほどのゆるやかな階段を下った先に構える本堂は、戦前からの建物に改築と改修を重ねてきた。寺の発祥は文字通り、綱の生家である渡邉家の内仏寺として始まったと伝えられ、住職は代々、渡邉姓を継いでいる。

綱伝説の真偽はさておき、寺にまつわる最古の資料『府内備考』一四五巻（文政一一年〈一八二八〉、国会図書館所蔵）によると、一〇〇〇年以上前に興された由緒ある寺であることだけは間違いない。

この寺の第三十世住職が、昭和六年（一九三一）生まれの渡邉普相《ふそう》である。

彼の下《もと》を訪ねるきっかけは、二〇〇九年春、ひょんなことから東京拘置所の古い「教誨師《きようかいし》名簿」を手に入れたことだ。調べると、名簿に名を連ねる僧侶の中でひとりだけ存命の人がいた。それが渡邉だった。

話を聞かせてもらえないかと寺を訪れた時、彼は七八歳。数年前に体調を崩して住職の座こそ息子に譲っていたが、驚いたことに拘置所の教誨師の仕事は今も現役で続けているという。教誨師に着任したのが二八歳頃というから、ちょうど半世紀だ。

拘置所という施設は、被告人が裁判の判決が確定するまでの間に勾留される場所だ。ほとんどの者は実刑判決確定後、すぐに刑務所へと送られる。しかし、「死刑」判決を受けた者だけは処遇が異なる。彼らは死刑執行の日まで、そのまま拘置所に留め置かれる。死刑判決が確定すると、死刑囚は面会や手紙など外部とのやりとりを厳しく制限され、死刑が執行されるまでの日々のほとんどを拘置所の独房でひとり過ごす。教誨師は、そんな死刑囚たちと唯一、自由に面会することを許された民間人だ。間近に処刑される運命を背負った死刑囚と対話を重ね、最後はその死刑執行の現場にも立ち会うという役回り。それも一銭の報酬も支払われないボランティアだという。渡邉ほど長いキャリアを持つ死刑囚の教誨師は全国どこを探しても見当たらないし、恐らく今後も現れないだろう。理由は、その任務の過酷さである。身体よりも心がもたなくなる者が多いという。

そんな務めをなぜ半世紀も続けているのか、いや続けることが出来たのか。

死刑囚との面接、そして死刑執行の現場という社会から完全に隔絶された空間で、彼がその目で見てきたこと、宗教者としてやってきたこと、そして半世紀を経て自身の職務についてどう考えているのか、本音を聞いてみたいと思った。

最初、壁は厚かった。二ノ橋から日向坂を息を切らして上りきり、寺で出された一杯の茶を飲んでは坂道を下る、一年目はその繰り返し。死刑にかんする話を振ると、僧侶はスルリと身をかわした。言葉を引き出そうにも一分の隙《すき》もない。

——今まで一番、手ごわかったのは『フォーカス』じゃったですかな。男の記者に玄関前で待ち伏せされて、裏口からこっそり出入りしましたで。だいたい一日待って駄目なら諦めるもんですが、ありゃ立派なもんで一週間くらいは粘っておりましたぞ。

じゃが、困るのは新聞社ですわ。あれらは電話一本だけ寄越すんです。そいでさりげなく質問してきて、「はい」とか「いいえ」とか答えてみんさい、その事実丸ごと、まるでわっしがペラペラ喋ったような文章に仕立てあげるんです。質《たち》が悪いったらありゃしません。だから絶対に返事はせん。何を聞かれても「知りませんな」の一言ですわ、はっはっは。

マスコミを笑いとばす渡邉の目は、しかし全く笑っていなかった。日向坂を上らされたのは、どうやら私だけではないようだった。しかし冷たく装う僧侶は、どこか優しげで哀しげな雰囲気を隠し切れないでもいる。人徳なのか宗教者の魅力なのかは分からないが、急な坂道をいとわず何遍も寺に通わせるだけの不思議な魅力があった。

思えば日本人と宗教は、つくづく不思議な関係にある。

キリスト誕生を町中あげて祝ったかと思えば、その一週間後には神社に参り、拍手《かしわで》を打つ。寺も神社もお構いなし、宗教の世話になるのは葬式の時くらい。「苦しい時の神頼み」とはよく言ったもので、多くの人は、頼みもしない僧侶の話でも始まろうものなら胡散《うさん》臭ささえ感じてしまう。そんな宗教に対する無節操ぶりは世界でもあまり例がない。

『広辞苑』には、「教誨」とは「受刑者に対して行う徳性の育成を目的とする教育活動」とある。さらに教誨の心得を記した内部資料『教誨必携』（第一一回全国教誨師大会編・昭和四一年）は、「収容者を訓し導き、善にたちかえらせること」と書いている。

しかし未来のある懲役囚ならまだしも、二度と社会に復帰する希望もない死刑囚に神仏の教えをさとしたり、「善」とやらに立ち返らせたり、そもそも人生に絶望しきっているような人間の心を救うことなど果たして出来るのか。宗教にそんな力があるのか。実のところ大したことは出来ていないのではないか。不信心な私は、常々そんな疑問を抱いていた。

渡邉との会話の糸口を探ろうと、世に出ている記録を調べると思わぬ事実に直面した。教誨師自身が自分の体験について書き留めた書物が、ある時期からぴたりと無くなっているのだ。最後に出版されたのは、『教誨百年』（教誨百年編纂委員会編・浄土真宗本願寺派本願寺・大谷派本願寺）という重厚な上下二巻の本。宗教教誨にかかわってきた僧侶たちが明治以降の教誨の歴史をまとめたもので、発行は昭和四八年（一九七三）とある。ただし非売品で一般には出回っていない。

これ以降、具体的な教誨にかんする書物は消えてしまっていた。背景には、拘置所の管理体制が強化され、獄内での出来事は一切、口外無用となったことがあるようだった。法務省による通達で、教誨師は拘置所内で知り得た情報を口外してはならないと定められている。それは、家族や教誨師どうしの間であってもだ。

渡邉の経歴を見ると、かつて全国教誨師連盟の理事長を務めていた。全国約一八〇〇人の教誨師のトップであり、拘置所側と緊密に連絡を取り合う総責任者だ。いわば、情報を閉ざす側に限りなく近い立場にあるともいえる。これでは、おいそれと語れるはずもないだろう。

初めて三田の寺を訪ねた時から季節はめぐり、日向坂を彩っていた楓もすっかり葉を散らして枯れ木となっていた。急勾配の坂道にも大分慣れた頃のことである。不毛な世間話の産物で、渡邉と私が、同じ広島県の出身者であることが分かった。よくよく話を聞くと、互いの生家は車で四〇分足らずのところにあるようだ。

「なんとなくね、あなたのしゃべり方を聞いて広島の人間じゃろう思うとったですわ」

笑わぬ目が、ようやく緩んだ。

故郷から遠く離れた東京の真ん中で、広島の片田舎の山道や小学校、祭りの様子、さらには町会議員の評判まで話が通じるというのは奇妙なもので、いきおい世間話にも熱が入る。出される茶は、一杯限りの小さな湯のみから茶菓子が付いてくるように。さらにお代わりが許され、やがて急須にポットまで用意され、滞在時間は自然と延びていった。

あれは何度目の面会だっただろうか、渡邉が真剣な面持ちで聞いてきたことがある。

「ところであなたは、わっしが死刑に反対か賛成かいうことを一度も聞きませんなあ。マスコミの人には必ず聞かれるんですがな」

何の気なしに答えた。

「死刑について誰よりも知り尽くしている人に、今さら賛成とか反対とか単純な質問をしても、仕方がないと思います」

その日からである。彼は少しずつ、死刑囚との日々について口を開くようになった。そして三田の丘で二度目の夏を迎える少し前に、阿弥陀様の前で冒頭の約束をかわしたのだった。渡邉が歩んできた経歴を考えると、それは一教誨師の告白には留まらない重みを持つ。約束は、絶対であった。

それから始まった僧侶の告白は思わぬ長話となる。聴き取りを始めて一年ほどして、主要な話の一部は、許可を得た上で録音テープにも記録した。〝自身の足跡を後世にきちんと遺していきたい――〟。録音を拒否しない姿勢に、僧侶の並々ならぬ覚悟を見せられる思いだった。さらに同じ頃、彼が密かに保存していた「教誨日誌」の存在も打ち明けられた。

「忘れんように書き留めておったものですが、これを見ておったら、色んな事をだんだん思い出してね。これもね、わっしが死んだら全部ただの紙くずになるだけです。生かせるもんは、おらんから」

この日誌は、渡邉への聴き取りを進める上で貴重な資料となった。話に耳を傾け、記録を読み込むうちに、渡邉が取材を避けてきた理由は決して役所から課された守秘義務だけではないことも分かってきた。彼がその世界で見てきたこと、それはフラリと話を聞きにやって来られても簡単には語り尽くせぬほどの重みを持っていた。

まだ「死刑囚」という言葉すら思いも浮かばぬ若き日に、渡邉は故郷、広島の町で生と死の境をさ迷ったことがある。その体験は、他者の命を見捨てることで自ら生きながらえるという過酷さを伴うものだった。そして後に始まった東京の生活もまた、許されることのない罪を背負った「死」と縁の切れぬものになった。

「死」について考えること、それは「残された生」を考えることでもある。今ある「生」が苦しみに満ちたものであればあるほど、苦悩は深まる。そんな生と死をめぐる深淵《しんえん》を覗き込み、やがてそこに身を浸《ひた》した八十余年。告白の向こうには、永遠に続く迷路に迷い込んだような深い闇が広がっていた。何十年もの歳月を経て僧侶の心に澱《おり》のように溜まった懊悩《おうのう》は、晩年、彼の周囲の人々をも巻き込んで、その身体と心の奥深いところまでひどく傷つけていた。

半世紀にわたる死刑囚教誨、そして、死刑制度が持つ苦しみと矛盾を一身に背負って生きた人生。心の奥底から絞り出された言葉は、いずれ必ず自らの「死」に向き合うことになる私たちひとりひとりに投げかけられた問いへと重なっていく。

「死刑」とは、一体何なのか——。僧侶が遺した言の葉を積み重ね、空白のままの教誨の歴史に新しい足跡を刻むためにも、長く秘められてきた事実を浮き彫りにしていきたいと思う。

これから記すのは、ひとりの僧侶の目に映った「生と死」である。

第一章　教誨師への道

一　出逢い

昭和三二年（一九五七）、渡邉普相は二六歳で単身、大都会・東京へとやってきた。広島の山深い村にある渡邉の実家は、戦国時代から続く由緒ある寺だった。しかし寺の住職は長男の兄が継いでいて、東京にやってくるまでの間、次男の渡邉は実家近くの高校で社会科の教師を務めていた。

大学まで僧侶として勉強を重ねてきた渡邉にとって本意ではない教師生活も、就職して一年目が終わりかける頃、転機が訪れた。知人の紹介で、東京の寺の娘さんとの見合い話がまとまり、婿入りすることが決まったのだ。故郷から遠く離れた東京ではあったが、ようやく僧侶として活動できることに渡邉は期待を膨らませた。何より広島という町から離れることは彼にとって、忌まわしい記憶との決別のようにも感じられた。

新天地・東京での忘れもしないその出逢いは、教誨師になる一年前。當光寺の副住職となって間もない初夏の頃だったと彼は記憶している。

その日、ぶらりと寺にやってきた初老の僧侶は、それにしても奇妙ないでたちだった。裾の汚れた粗末な法衣を身にまとい、足元には白い運動靴。持っているのは擦り切れた布製の手提げひとつで、肩からは戦時中の品と思われる古びたラジオを提げていた。しかし、そんな奇妙な格好とは対照的に、老僧は堂々たる体格で眼光するどく、挨拶したり靴を脱いだりという何気ない所作の中に何ともいえぬ威厳のようなものを迸《ほとばし》らせていた。玄関で出迎えた渡邉は、少し後ずさりしたいような気持ちになった。

僧侶は、篠田龍雄《しのだりゆうゆう》と名乗った。

当時二七歳の渡邉に対して篠田は六一歳、親子ほどの年齢差だ。この篠田こそ、後に渡邉を自らの後任として死刑囚の教誨師に据えることになる人である。

篠田は、渡邉の義父、つまり當光寺の住職の古くからの知人で、寺で開かれる法座で話をするよう頼まれてやってきた。どういう事情か篠田は、福岡の大きな寺の住職であるというのに、毎月上京しては説法をしてまわっているという。西日本に比べて東京は浄土真宗はさほど盛んではない。不思議に思った渡邉は、法座が始まる前に本堂を覗いてみて驚いた。

普段は半分も埋まらぬ会場が、はや満席なのである。窮屈そうに肩を寄せあう者の中には、明らかにこの寺の檀家ではない顔も沢山見える。田舎では何の苦労もなかった法座の人集めが都会ではいかに大変なことか、上京したばかりの渡邉には身に沁みて分かっていた。これは一体どういうことか、義父に尋ねると、みな篠田の説法を楽しみに方々から集まって来るのだという。しかも、篠田の説法はどこでもいつでも満席になるという評判らしい。渡邉は自分の仕事を放り出し、本堂の隅に滑り込んで「どれどれ」と老僧の話を聞いてみることにした。

黒板に書かれたこの日のお題は、「悪人とは」とある。篠田との出逢いが、この「悪人」というテーマで始まったことは、後から考えてなんと縁の深いことだろうと渡邉は思うのである。

法座は篠田のこんな語りかけから始まった。

「さて、みなさんは自分のことを悪人か、それとも善人か、どちらとお思いですか。自分はこれまで警察のお世話になったこともないし、真面目に生きてきた。どちらかいうと善人だと思われる方、挙手をお願いします。はい、ああ結構なことですな。では自分は悪人と思われる方は……、おやっ、これまた多い。恐ろしや、ここは悪人の集まりですか！」

会場がどっと沸く。篠田はくるりと後ろを向き、小さな黒板にササッと書きつけた。

――善人なほもて往生をとぐ、いはんや悪人をや

浄土真宗の、いわゆる「悪人正機《しょうき》説」である。

「世の中、善人が救われるのであるから、悪人であればなおさらだ」という逆説的なフレーズは、「悪人が救われるのだから善人であればなおさらだ」という通常の思考とは正反対の言い回しだ。今も残る篠田の説法の記録は、こう続く。

「人間というのは愚かなもので、〈善人〉と〈悪人〉を区別する時、多くの人は〈善人〉である自分から見て、他人を〈悪人〉とする傾向があります。つまり、〈悪〉は

常に他人事なんです。確かに人の物を盗んだり、殺人を犯したりする者はまぎれもなく悪人でしょう。自分はそんなことはしないので善人と思うのは当然かもしれない。しかし多くの人は、実は自分も真理にそむくような罪を犯しているのに、それを反省するだけの教養に欠けているのではないでしょうか」

篠田が謎を掛けるように言うと、聴衆の頭がそろってグッと前に乗り出した。

「例えば、神妙に『南無《なむ》阿弥陀仏』と唱えながらも、心のどこかで『こんなことしてどうなる』と疑ってはいないですか。善人にならねばと念じながら、心の中には次から次へと悪だくみの妄想が浮かんでいやしませんか。他人の成功を称《たた》えながらもドロドロした妬《ねた》みが渦巻いてはいませんか。軽い気持ちで吐いた言葉が、相手に苦しみを与えていないと言い切れますか。みなさん、外見は決して罪など犯すことのない〈善人〉ですが、自分のことを善人と思っているような人は〈悪人の善人〉、ちょっと言葉は悪いですが、偽善者のようなものです。〝善人面〟はしていても、心の中まで完全な善人など、いるはずもないでしょう」

つまり篠田は、自分は善人だと思い上がっているような偽善者が救われるというのならば、自分の内なる悪を自覚して苦しんでいる人間はなおのこと救われるのだと言うのである。篠田が問いかける度に、会場の頭はウンウンと揺れた。

「キリスト教でいう〝懺悔《ざんげ》〟は、文字通り罪を悔いるということ。ですが、阿弥陀仏の懺悔は、〝懺悔をしようとするけれど、それでも簡単には懺悔できぬほど愚かな私たち〟という意味です。『わかっちゃいるけどやめられない』、それが人間。沢山の子を持つ親が平等に子どもを愛していても、そのうち誰かひとりが病気になれば、自然とその子だけに心が向いて看病するように、阿弥陀様も、愚かにも罪業を犯してしまう人間のことほど心配して下さる。道を外しても、それを省みて反省すれば『弱輩なれどもあっぱれ、あっぱれ』と悦《よろこ》んで下さる。それが悪人正機の教えです」

親が特に病気の子を心配するように、また医者が病状の重い患者から優先的に治療するように、阿弥陀仏も悪人を救うという。そんな「悪人正機説」は、実は自分自身の内面に向き合うことの大切さを諭しているようだ。人間は、弱い。人との出会いや置かれた環境によって、善人にもなれば悪人にもなる。誰もが心のうちに拭《ぬぐ》い切れない煩悩《ぼんのう》を抱えている。はるか天上の阿弥陀仏から見れば、そんな人間は所詮みな悪人ということだ。まずは自分の中にある「悪」、つまり目には見えぬ心の闇をしっかり見据えることこそ肝要と篠田は説く。そのことに、過去は問わない。「ただ今をしっかり生きること」こそ重要という教えは、この世でこの瞬間に苦しみながら生きているすべての人間を救おうとする教えなのかもしれない。

篠田の話は、こうまとまった（※は筆者注、以下同）。

「昨日は終わったことで言ってみても仕方がない。明日とても当てにはなりません。私の確かな現象は〈今日〉のみです。それとても、今朝は終わっていますね、では今夜は？　はい、まだです。よって、私の確実な姿は〈ほんのただ今〉に過ぎません。あれこれ思い悩みながらも、ただ今、ただ今と、少しでも良い方向に向かって生きてゆく。やることをやったら、あとはもう『南無阿弥陀仏（※阿弥陀様にお任せしますの意）』でいいのです」

その語り口は冗談を交えて軽快で説教臭くもなく、時に落語を聞いているようでもあった。少ししゃがれた野太い声は、説法をより説得力のあるものにしていた。

説法が終わると、出席者がぐるり篠田のまわりを取り囲み、車座が出来た。いつもは静まり返っている本堂が、世間話や相談ごとに花を咲かせる人たちで夕方までにぎわった。篠田はみなと同じ目線に座り、膝をつきあわせて語りあっていた。渡邉にはその様子が、遠い日に見た、故郷の寺で父を囲む村人たちの光景に重なって見えた。

篠田の法話を聞いた渡邉は、これだけ大勢の人が話を聞きにやってくる理由が納得できた。やはり東京にはすごい人がいるもんだと感心したが、すぐに篠田は福岡から来ていることを思い出し、苦笑いを飲み込んだ。渡邉もまた、篠田の説法が行われる日を楽しみに待つようになった。

二　売春婦

渡邉普相は、実はある計画を胸に東京にやってきた。上京した頃はまさか、自分が死刑囚の教誨師になろうとは夢にも思っていなかった。ただ、僧侶の仕事をやりながら、社会に繋がるボランティアに身を捧げたいという強い志には共通する所があった。

その具体的な計画とは、東京で寺の仕事をやりながらしっかりとした経済基盤を築き、売春婦のための更生施設を作るというものだった。突拍子もなく思えるこの話の背景を知るためには、渡邉の大学時代にまで遡《さかのぼ》らなくてはならない。

渡邉は、他の多くの寺の子息と同じように、戦後まもない昭和二三年（一九四八）の春、一七歳の時に広島から京都の龍谷《りゅうこく》大学に進学している。

空襲の被害を免れた京の町は、戦争で焼き尽くされた広島の町とはまるで別世界だった。夕方にもなると祇園の町屋からは三味線の音が響き、ちょっとした御屋敷からは琴の音が絶えなかった。当時、町では少しでも余裕のある広い家は下宿代を稼ぐため、率先して地方の学生たちに部屋を貸し出した。特に龍谷大学へ通う僧侶の卵たちは、地方でそれなりの資産に恵まれた寺の息子が多く上客扱いだった。

渡邉は、東山の清水寺《きよみず》に続く茶わん坂を上りきったところにある、大きな土産物屋に部屋を借りた（店は現在も営業していて渡邉が暮らした部屋も残っている）。建物の西側二階の下宿部屋からは京の町が一望でき、桂川で友禅染の職人たちが染物を洗って石の上で干しているのがよく見えた。

渡邉が龍谷大学の最初の授業で教えられたことは、後に笑い話の種となる。

——先生がね、「諸君！　大切なことを教える。京都で下宿の娘たちが狙っているのは、第三高等学校の生徒とお前たちだ！」って言うんです。三高っていうのは帝大に行く出世コース。お寺は、結婚するとお寺に連れて帰ってもらえる。だから下宿では娘たちに気をつけろと。「もし手をつけた場合、逃げて帰るには」……あの頃いくらって言ったかな、「二〇万円かかるぞ！」って言われて。たまげるような金ですよ、こりゃ大変だと思ってね、わっし、何も分からん田舎者だったから。確かに女を連れて帰ったのが沢山おります。当時は寺だったら飯が食えると思われたんでしょうね。

しかし、若き日の渡邉の心を悩ませたのは、下宿の娘さんではなかった。下宿から茶わん坂を下りていくと五条坂に突き当たる。そして、弁慶と牛若丸が一戦を交えたという五条大橋。そこを越えたところに七条新地の遊郭が、北側には宮川町の遊郭があった。

――毎日、下宿から下りて行って、宮川町を散歩したんです。セルの着物に真っ白いさらしの帯を締めて煎餅《せんべい》下駄を履いて。でも一文無しです。金なんかあるわけない。毎日毎日、散歩をしておると置屋のおばさんが学生だと知ってるんでしょうね、もう最後の頃には馴染みになって寺の息子と知っておったでしょうが、声かけてくるんですわ。

「学生さーん、風呂に入って行きまへんか」

「一番風呂かあ？」

「一番風呂どすえ」

「それなら入ってやろう」

ふふふ、木の香りの良い風呂なんです、ええ。それで「おばちゃん、ありがとう」って、お茶、飲んで帰るんです。
（そのまま帰るんですか？）
うん、何もない、一銭もありゃあしない、それでも風呂に入れてくれてたんです。大事にしてもらいましたよ。でね、ここからですがね、うーん……。

そこまで言うと渡邉は、おもむろに鉛筆を手に地図を書き始め、四角い枡《ます》に小さな旅館の名前をゴチャゴチャ書き込んだ。足繁く通った〝店〟の場所を説明するためだった。

――こっちの店は、店に居つきの女郎がおりまして、わっしが行っておった方はここ、置屋から呼んでくるわけです、祇園から。置屋を覗くと女がいっぱいいるわけ。夜遅くなるとね、夜の一時頃だったかな、「お茶を引く」っていう、客がつかず引き揚げるのがちょいちょい、いるわけ。「おい、ちょっと、わしの下宿に遊びにくるか」というような、へへ、まあ色々あってね。青春時代ですから、一番もてるときですわ。

宮川町は、古くは男色を売る少年（色子）のいる水茶屋から始まった町である。当時は娼妓二七〇人、芸妓一〇〇人ほどがおり、御茶屋の数は二七〇軒。そのうち曳《ひ》き手《て》の女が客を呼び込まないのは二〇軒ほどで、残る二五〇軒は「一現茶屋」という呼び込みだったらしい（「京舞妓・だらりの帯」舟橋聖一・別冊文藝春秋・昭和二八年より）。茶屋が軒を並べる宮川町には、学生に「風呂に入っていきまへんか」と声をかけるような風情が漂っていたのだろう。

渡邉には、ひとり懇意になった女がいた。女がお茶を引いた後に度々会って、里の話もするようになった。

女は四国の子沢山の貧乏農家の出身で、京都にはなかば売られてきたようなことであった。身売りされた時に背負わされた借金の額を聞いて、渡邉は目が飛び出るほど驚いた。それは、大学の授業で聞かされた下宿の娘さんとの手切れ金どころではなかった。

当時、多少でも生活していける財力のある農家は、娘を女工として出稼ぎに出した。しかし幾度となく飢饉に見舞われた農村では、今日の食物にも事欠く有様で、「親孝行」という名の下に人身売買が横行した。娘を商人に引き渡し、引き換えに

「前借金」としてまとまった金を得る。それで一家は何とか食いつなぐのだが、借金を背負わされるのは娘たちである。

少し時代は遡るが、『京洛妓論など』（大岩誠・中央公論社・昭和一一年）は、京都にいる娼妓たち約一三〇〇人を出身地別に調べている。それによると四人に一人は四国から連れてこられたとあり、愛媛県出身者が一三〇人（全体の一割）、高知県出身者が一〇八人と突出して多かった。女もまた、このような境遇に置かれたひとりだったのだろう。

年季は通常、五年。しかし「前借金」を返済するには一晩で五人の客をとっても追いつかない。性病の治療などの病院通いは自分もちで、身の回りの装飾品を揃えたりと生活費も嵩《かさ》み、借金返済どころか、逆に新たな借金を作らされる者の方が多かった。結局、女たちは使いものにならなくなるまで生涯、体を売り続けるしかない、まさに籠の鳥だった。

渡邉は女への当時の自分の思いを恥ずかしげに、こんな言葉で代弁した。

「まあね、〝人は客、己は間夫《まぶ》と思う客〟ということですわ、正直に言うと。坊主がそんなこと言ってと思われるかもしれませんがね……」

――人は客、己は間夫と思う客

この台詞《せりふ》は、江戸時代の遊里、内藤新宿（現在の新宿区新宿一〜三丁目あたり）の女郎屋を舞台に作られた「文違《ふみちが》い」という落語の郭《くるわばなし》噺に出てくるものだ。渡邉は大の落語好きだそうで、会話の中でよく噺の台詞を引用した。

女郎屋のお杉と、なじみの客二人、そしてお杉の恋人（実は恋人には別の恋人がいる）という複雑な男女の関係を、「手紙（文）」という小道具で展開させながら、情にほだされ騙《だま》し騙されあう男と女の心理を描いた噺だ。

先の台詞を〝直訳〟すれば、意中の遊女がとる他の客はあくまで客だが、自分だけは特別で女の「間夫」、つまり恋人ということになる。男の勝手な思い上がりを皮肉った言葉と訳してしまえば渡邉には少し言葉がきつすぎるだろうか。

いずれにしても渡邉は、宮川町の女を女郎屋から救えないものか真剣に考えた。しかし、背後に家族をも抱き込んだシステム化された売春組織から抜け出させることなど、甲斐性のない貧乏学生に叶えられるはずもない。渡邉は、本当の「間夫」にはなれなかった。彼は女との結末は語らなかったが、それ以上、問い詰めるのも野暮だろう。若き日の、ほろ苦い思い出である。

しかし女との別れは、渡邉にある決意をさせることになる。自分ひとりの力では女を救うことは叶わなかったが、それならば、苦海に身を沈めた女たちを救える場所を自分で作ろうと考えたのだ。「若気の至りでね」と渡邉は苦笑いしながら話を続けた。

龍谷大学には当時、「売春婦更生研究会」という活動団体があった。社会事業として大学が取り組んでいたもので、強制的に身売りさせられた女性たちを一時的に引き取って職業訓練をさせたり、借金の返済について相談にのったりして社会復帰をさせる支援をしていた。渡邉もこの研究会に参加し、改めて京都の花街を見てまわっては現実にどのような支援が可能か策を練った。大学には「教誨」について研究しているグループもあったが、この時は目もくれなかった。

卒業する頃には、これから自分で組織を立ち上げる時の参考にと、本願寺が名古屋に作っていた更生施設を見学に行ったり、プロテスタントの牧師が大阪でやっていた更生施設に出向き、手弁当で働いたりもした。大学を卒業した後は、実家の寺の事情で社会科の教師という不本意な職に就いてしまったが、その計画はずっと胸の中であたためていた。

――そういう施設を作るためには都会でないと駄目でしょう。私が東京にきたのも、売春婦更生研究会のような社会事業をやりたいというのがあったんです。家の者にも話をしたことはないですが、そういう仕事をするには何の後ろ盾もないところでは出来ませんから、やっぱりお寺という経済的な基盤が必要です。だからお寺の住職をやりながら、そういう仕事もするという発想。次男坊だから広島には帰れない、どうせ行くなら都会のお寺がいい。一番大きな都会に行ってやってやろうと、それで東京だったんです。

東京で見る二度目の桜も、散りかけていた。

渡邉が初めて篠田龍雄の法話に耳を傾けてから一〇ヵ月ほど経ったある日。法座を終えた篠田が、いつも最後尾で熱心に法話を聞いている若い副住職のところにやってきた。

「住職から少し聞きましたが、あなたははるばる広島から婿入りされてきたそうですな。一体どうして東京なんかへ」

「何ということもございませんが、どうせやるなら日本で一番大きな町で活動したいと思いまして」

「東京で、何をやりたいのですか」

「わしは、寺を基地にして社会に繋がる仕事をしたいと思うて参りました」

「社会に繋がる仕事？」

「こないだ、その計画がつぶれたばかりです。わしはいい加減な人間ですけえ、まあ、次をぼちぼち探しております」

渡邉のいう「計画」とは、言うまでもなく「売春婦更生施設」のことだ。しかし渡邉が上京した翌年の昭和三三年（一九五八）、売春防止法が全面施行された。社会の必要悪として公然と存在していた売春制度は違法となり、赤線は廃止。社会をあげて売春を取り締まっていくことが法律に定められた。そのことが現在に到るまで徹底していないのは周知の事実だが、当時の渡邉にしてみれば売春婦がいなくなるのと同時に、売春婦更生施設を作る計画も消え去ってしまった。そんな事情をつらつら説明すると、篠田はさらに尋ねてきた。

「住職から耳にしたところ、あなたは広島で原子爆弾にやられたそうですな。さぞかし大変だったでしょう」

篠田は、住職つまり義父に、渡邉の素性について色々と尋ねているようだった。渡邉は、新天地の東京でいっそ忘れたいと思っていた「原子爆弾」という言葉をいきなり突き付けられ、一瞬、戸惑った。原爆にあった者は子や孫の代までずっと悪い影響が遺伝するなどといった、根拠のない噂が飛び交っていた時代でもあった。

「わしは一度は死んだ人間です。一度は捨てた命ですけえ、これから東京で何かせにゃあいけんと思うとります。それだけです」

短くそう返すと、篠田は「ほおっ」と言わんばかりに目を見開いた。この日から篠田は當光寺で法座を開く度に渡邉に話しかけ、二人は次第に語り合うようになっていく。

それから暫くして渡邉は初めて、自分の心の中だけに閉じ込めてきた広島での被爆体験、つまり後に述べるような、自分に助けを求めてきた人々を見捨てて逃げてしまった慚愧《ざんき》の念を篠田に打ち明けている。篠田は何も言わず、ただ黙って耳を傾けてくれた。それだけのことだったが、渡邉には、長く心のどこかを覆っていた暗い霧が晴れ始めたような気がした。やはり僧侶であった実の父を幼い時に失った渡邉にとって、篠田龍雄という男が、誰も頼る人のいない東京の町で師匠でもあり父親のような存在になっていくのに時間はかからなかった。

三　篠田龍雄の足跡

一方で、渡邉を「死刑囚の教誨師」という世界へ誘《いざな》うことになる篠田龍雄とはどのような人物だったのか。その人生を辿《たど》っておきたい。そこに見えてくる「型破り」とも言える足跡は、当時の浄土真宗の世界でも知る人ぞ知る、後の語り草になるほどのものだった。

篠田は明治二九年（一八九六）、福岡・直方《のおがた》の浄土真宗・西徳寺の長男に生まれている。

直方はかつて飯塚、田川と並んで筑豊三都と呼ばれた町だ。直方駅には周辺の炭鉱から昼夜の別なく石炭が運び込まれ、常時、貨車五〇両以上が列をなす一大操車場として賑わった。「直方の町は明けても暮れても煤けて暗い空であった」（『放浪記』林芙美子）とあるように、駅周辺は石炭列車や蒸気機関車の煙で雀まで黒かったという話も伝わるほどだ。人口六万人弱という町の規模のわりに、直方駅が今でも異様に広大な敷地を持っているのは、当時の名残である。

その操車場に隣接する駅のまん前に、篠田が生まれた西徳寺の敷地が広がっていた。寺は、かつての操車場の拡張により徐々に山際へと後退を余儀なくされ、現在はJR直方駅を眼下に見おろす小高い丘の上に構えている。本堂は立派な石垣の上に聳《そび》え立っていて、ちょっとした城のようだ。寺の起源は関が原の合戦（慶長五年〈一六〇〇〉）まで遡り、法務員（役僧）だけで常時三人から五人もいる。この寺の住職ともなれば地元では大変な名士に違いないが、篠田の人生はある時から、そんな恵まれた境遇にはまったく収まりきらないものになっていく。

転機は大正時代、篠田が二〇代の時に訪れた。

きっかけは、当時は不治の病と恐れられた結核性の病にかかったことだ。「労咳《ろうがい》」とも呼ばれ、最後はみな血を吐いて亡くなってしまうと恐れられた病である。篠田は名医を頼って福岡・志賀島《しかのしま》に渡り、数年に及ぶ闘病生活を送る。自分の周りにいる患者が次々と亡くなっていくのを横目に「ベッドの上で、くる日もくる日も見えない無数の病原菌が自分の体をむしばんでいく恐怖に怯《おび》えた」と後日、法座で語っている。

もはや明日をも知れない命。間もなく自分にもやってくる「死」にどう向き合えばよいか、篠田は苦しみ悩んだ。元気な時は、炭鉱の現場で命を落とした者をしのぶ慰霊祭におもむいては「阿弥陀様のお浄土に生まれ変わることを喜びましょう」などと分かったようなことを言ったものだった。しかし、いざ自分が病に倒れてから生への未練はいよいよ断ちがたく、「死にたくなどない、一日でもいいから長く生きたい」とすがるように願った。〝煩悩〟という言葉の意味を初めて知る思いがした。このまま死んでいくのが本当に惜しいと悔し涙に暮れた。

ところが数年後、篠田は片方の肺と数本の肋骨《ろっこつ》は失ったものの奇跡的に回復する。

不幸中の幸いとはこのことで、昭和に入って始まった一五年の長きにわたる戦争にも、病気を理由に徴兵されずに済んだ。

片や大勢の友人知人が戦地で命を落としていった。多くは異国の地から骨すら戻ってこなかった。誰も顧みることのない彼らの無念な最期に思いを馳《は》せる時、篠田には、自身の闘病中の切羽詰まった気持ちが蘇り、言いようもない焦りと申し訳なさを感じた。今、生かされている自分がすべきこと出来ることはなにか、誰もが嫌ってやりたがらない仕事はないか、本当に救いを求めている人間はどこにいるか探し求めた。

そうして、直方から当時は片道二時間近い道のりを福岡拘置所に通い、引き受け手のない死刑囚の教誨をかって出るようになる。記録には確認できなかったが、篠田の遺族によると、福岡拘置所通いは一〇年は続いたという。西徳寺には今も、引き取り手のない死刑囚の遺品とも言うべき荷物が保管されている。また篠田は死刑囚だけでなく、長期の服役を終えて刑務所を出所し、行く当てのない者たちを引き取っては寺の仕事に従事させたりもした。現在も使われている西徳寺の駐車場近辺の造成工事は、その頃に彼らが手がけたものだという。

直方から東京へと毎月、布教に通うようになったのは、サンフランシスコ講和条約が締結された昭和二六年（一九五一）からだ。

連合国による占領統治が終わって新しい時代を迎えるにあたり、篠田は東京こそ今後の日本を動かす一大拠点になると考えた。しかし関東に浄土真宗の寺はきわめて少ない。そこで篠田は決意した。一度は失った命、恵まれた田舎でのうのうとしていてはならない。今、この瞬間にも命あることの尊さを教えてくれた浄土真宗を広めるためには、東京でこそ布教をしなくてはならない。それが、今まで生かされてきた自分の使命と奮起した。

数多《あまた》ある篠田のエピソードのひとつが、「日本で最初に、最も長距離の定期を作った男」というものである。寺の日々のことは地元の者に任せ、決まって毎月五日に直方駅を出た。一言で上京と言っても当時は簡単なことではない。最初の数年は切符を手に入れるだけで何時間も駅舎の長い列に並び、四人がけの狭い座席で三〇時間以上も揺られた。それがやがて急行で片道二五時間ほどになり、昭和三一年（一九五六）にようやく特急「あさかぜ」が開通、博多から寝台車で片道一七時間ほどになった。昭和五〇年には、東京―博多間の新幹線が開通したが、それでも八時間余の道のり。この強行軍は、八三歳で亡くなるまで毎月、続くことになる。

東京では、やはり東京拘置所の教誨師を務めた。さらにハンセン病の施設に法話に出向いたり、冬の山谷に暖かい下着を差し入れにも行った。また仏教の学校で若者に教えたり、寺や病院、請われればマンションの一室でも連日のように法座を開いた。大きな会場は避け、講演会というスタイルはとらなかった。なるべく小さな場所を選び、法話の最後は必ず車座になって訪れた人たちの仕事や家庭、時には金策の相談にまで応じた。片肺での発声は楽なものではなかったが、今を懸命に生きることの尊さを身をもって伝えようとする篠田の法座は評判が評判を呼び、どこで開催しても会場に入りきれないほど信者が集まった。篠田が上京する度に遠方からタクシーで駆けつける人もいたほどだ。

母危篤の報《しら》せを受けた時も「法座を止《や》めるわけにはいかぬ」と地元には帰らなかった。後日談だが、篠田が亡くなってからも、東京ではテープに録音された篠田の法話を聴く会が一五年にわたって続いたという。

毎月五日に上京した篠田は、翌月の一日午前七時着の汽車で必ず直方に戻ってきた。再び上京するまでのわずか五日間は、寺を預かる者たち全員にとって大変な緊張の時となった。というのも上京した篠田からは、寺の仕事について細かな指示が書かれた葉書が山のように届いている。下された任務を怠っていると、篠田は叱るどころか自ら作業に乗り出してしまう。併設する保育園や幼稚園の行事もこの五日間に集中して行われたため、寺は上を下への大騒ぎとなった。

さらに毎月一日に篠田が帰ってくることを知っている檀家の人たちは、篠田の法座を楽しみに長蛇の列をなして待っている。直方での五日間は、日中はあらゆる行事が行われ、夜は夜で法座が行われぬ時は一日とない。夜遅くまで本堂に居残る人たちを、ヘトヘトになった家族はうらめしく思ったことも度々だった。

しかし、長居の末にようやく檀家の人たちが帰っても篠田の仕事は終わらない。深夜まで鍬《くわ》やスコップで畑作業をしたり屎尿《しにょう》処理に精を出し、翌朝五時には誰よりも早く起きて庭仕事にとりかかる。家族は、篠田がくつろいでいる様子を見たことは一度もないという。今ある時間を一秒でも惜しむように働き続ける猛烈ぶりは、今でも語り草だ。

篠田はいつも携帯ラジオを右肩にかけて歩いた。世間で起きているニュースに常に接し、僧侶の世界だけに閉じこもろうとしなかった。耳が遠くなってからラジオのボリュームは上がってゆき、家族はラジオの音が移動する度に篠田がどこにいるかが分かったという。

また篠田は生涯、法衣をまとって活動し、洋服を着たことがなかった。上京する寝台車の中で、法衣の下に着る白衣姿でいるのを見かけた車掌が「お客さん！　ベッドのシーツを着ないで下さい！」と引っぱがそうとしたこともあった。戦後の東京はアスファルトが増え、満員電車での移動に下駄は不向きだったので、真っ白な足袋に白と黒のツートンの革靴を履いた。初めて会ったとき、渡邉が革靴を運動靴と勘違いしたのは、その配色によるものと思われる。当時は珍しかった「法衣と足袋に革靴」というのが篠田の生涯のスタイルだった。

時に「奇人」と言われるほど布教熱心だった篠田の逸話にはこと欠かない。「阿弥陀様は大勢の人々を救うために忙しく走り回っておられるのだから、自分も休んでいてはならない」と暇さえあれば念仏を唱えた。歩きながらでも便所でも「南無阿弥陀仏、南無阿弥陀仏」とやった。馴染みの銭湯では、湯から頭だけ出してブツブツ念仏を唱えるものだから、番頭に気味悪がられた（後にこの門前仲町の銭湯でも法座が始まった）。タクシーに乗っても目的地を告げるやいなや、「南無阿弥陀仏、南無阿弥陀仏」。悪質な嫌がらせと思われて、「金はいらないから降りて下さい」と車から降ろされたことも一度や二度ではない。

東京と福岡を往復する生活は八三歳で亡くなるまで続き、息を引き取ったのも、東京駅の構内だった。そんな布教のダンプカーのような僧侶が、偶然か必然か、上京して間もない若き渡邉の前に現れたのである。

四　「誰かがせにゃならん」

それは、渡邉と篠田が三田で出会い、二度目の夏を迎える頃のことだった。

ある日、當光寺での法座を終えた篠田は突然、本堂で座布団の片づけをしていた渡邉を呼んで自分の前に座らせた。「今更、何をかしこまって」と渡邉は不思議に思った。篠田は、こちらに面と向かい、いつになく真剣な面持ちで思わぬことを言い出した。

「実はね、私はもう何年も東京拘置所にいる死刑囚たちの教誨師をやっておるのですが、あなたも一緒にやってみる気はありませんかな。私が九州に戻る間など、彼らが寂しがるんですよ」

きょとんとしている渡邉を前に篠田は続けた。

「簡単な仕事ではないが、私も高齢だから、いずれ後を継いでくれる人間が必要です。君の義父の了解もすでに得ておりますよ」

〝死刑囚〟という耳慣れない言葉に、渡邉の胸はドキンと脈打った。暫くの間、言葉を探した挙句、なぜか思いとは裏腹に普段はしゃべらぬような軽薄な言葉が口をついて出た。

「死刑囚ですと！　こりゃまた、おっそろしい響きですな。死刑囚なんかと二人っきりでおって、先生は恐ろしくないんですか！」

篠田の視線は、渡邉の心の奥底を見つめるかのようにこちらを真っすぐ見据えている。

「あなたが恐《こわ》いと思えば、相手はその通り恐い存在になるでしょう。彼らはこちらをジイッと観察しておりますから、恐がっておったらすぐバレます。すべてあなたの心がけ次第です」

静まり返った夕暮れの本堂で、阿弥陀様だけが二人のやりとりを聞いていた。

渡邉は、今度は即答した。

「わしにやらせて下さい！」

迷いはなかった。死ぬまで籠に閉じ込められ体を売らされる女たちと、処刑されるまで独房で過ごす死刑囚。そんな繋がりを意識したわけでもなかった。しかし、いずれも世間から疎《うと》まれ、見捨てられた存在であることだけは確かだった。このことから

「逃げてはならない」、そう思った。

——「ああっ、これだ！」と思ったんですよ、何のためらいもなかったです。「死刑囚、うん、心からやらしてもらおう」って思って。理由っていうのはね、何かしら付けたがるけど、だいたいそういうのは後付けですな、ははは。心の中にあることをあえて言おうとすると作り話になってしまいます。それまでの体験とか色んな理由が重なっておるからね。まあ言ってみれば、厳しいことから逃げようと思えばすぐ逃げられる。逃げるのは簡単、楽だしね。じゃが自分が逃げても、それはあるんです。売春も死刑もあるんですよ。あるんなら誰かがせにゃならん。逃げとうなかった。まあ、売春防止法が出来んかったら、そっちに手を出していたのは間違いないですがね。

渡邉は幾度となく「逃げたくない」という言葉を使った。目の前の困難から逃げ出さないことは、ある時から彼の人生における座標軸となっていた。そのことは、篠田に打ち明けた広島での体験と無縁ではない。

売春婦の更生施設の計画が頓挫した渡邉にとって篠田からの誘いは、新たな光明のように思えた。それにしても篠田の方はなぜ、まだ会って一年ほどの渡邉を、それも広島の田舎町から東京に出てきたばかりの若い僧侶を自らの後任にと思ったのだろう。病魔との闘いを生き抜き、山奥の炭鉱の町から東京へと志を持ってやってきた篠田にとって、若き渡邉の人生もまた自分が歩んできた道と重なるところがあったのかもしれないが、それを質《ただ》した者はいない。

——理由は今でも分からんのです。誰も聞いたことがないそうです。でもわっしね、どこかいい加減なところがある、言ってみれば不良なんですわ。篠田先生はそれを見抜いておったのかもしれないなあと思って。真面目にひとつのことをずっと突き詰めて考えていくタイプじゃない。そんな人間は教誨師の仕事なんて長くは続きませんよ。言うとることが矛盾だらけかもしれませんがね、真面目な人間に教誨師は出来ません、ええ、務まりゃしません。突き詰めて考えておったりしたら、自分自身がおかしゅうなります……。

渡邉はそう言い終えると目を細め、背を丸めて茶をすすった。
渡邉が語気を強めて吐いた「真面目な人間に教誨師は出来ません」という言葉、さらには、「突き詰めて考えておったりしたら、自分自身がおかしゅうなります」という言葉が後を引いた。多少の比喩はあるにしても、近いうちに必ず処刑されるという宿命を背負った人間に向き合う務めは、並大抵の仕事ではないという響きを含んでいるように聞こえた。

〈善人〉と〈悪人〉の話と同じように、「死」はいつも、自分自身が生きるか死ぬかという瀬戸際に追い詰められるまで、常に他人事だ。「生」の世界だけではない、「死」の匂いをほんの一度でも嗅いだことのある人間でなければ、とても〝死刑囚〟と呼ばれる者たちの人生に伴走することなど出来ないのかもしれない。

ひとまず、渡邉が死刑囚の教誨師になるきっかけは分かった。なぜ、「突き詰めて考えたら、おかしゅうなる」のか――。その言葉への疑問はひとまず封印し、続く話に耳を傾けることにした。

二八歳の春、渡邉は一筋縄ではいかぬ深い闇の世界へと足を踏み入れたのである。

第二章　ある日の教誨室

一　一杯の酒

年季の入った木机の上には一対の湯のみと、ささやかな茶菓子。

机の下には、去年からこの部屋に持ち込むようになった新型のテープレコーダーが置かれている。持ち運びできるテープレコーダーは珍しいものだが、大きさは手提げ鞄ほどでズッシリ重く、実際に持ち歩くには一苦労の代物だった。しかし、これがなくては始まらない。オルガンの伴奏にあわせて腹の底から声を出して歌うのが、ここを訪れる者たちの一番の楽しみなのだから。

これだけを見れば、小さな喫茶店の風景と思えなくもない。確かに、歌声喫茶の気分で通っている者がいることは間違いないが、壁に埋め込まれた台座に静かに鎮座する阿弥陀様の姿は、喫茶店の装飾にはあまりふさわしいものでもなかった。

昭和四一年（一九六六）早春。東京・西巣鴨（現・東池袋）にある東京拘置所の一室である。

灰色の三階建ての建物の一階にある六畳ほどの小さな部屋は、死刑囚が宗教の教えを聞くための面接室で「教誨室」と呼ばれている。大きな木机を挟み、背もたれのないベンチのような長椅子が一対。夏には中庭に臨む窓は大きく開け放され、冬には暖をとるための火鉢も置かれる。火鉢がある以上、凶器に早変わりする鋭く尖《とが》った火箸もちゃんと用意されていて、警備の鷹揚《おうよう》さは現在のそれとは比べものにならない。

渡邉普相は、当時三五歳。昭和三四年三月九日（記録上は三月一日）に初めて東京拘置所に足を踏み入れてから、七年が経っていた。

この日の朝も、三田の寺からポンコツの愛車を飛ばしてきた。急勾配の日向坂を下って古川を渡り、池袋まで明治通りをひたすら北へと走る。東京の街中をビュンビュン飛ばすのは彼の一番の楽しみでもあった。ほんの一〇年ほど前は一日数本のバスしか走らない広島の山奥に暮らしていたのだから、車窓に映る都会の開放感といったら、たまらなかった。

浄土真宗の教誨面接は、篠田龍雄と渡邉普相の二人が交替で行っていた。それぞれ週二回、午前九時半頃から昼食を挟んで夕方までぶっつづけの面接である。時間はひとりあたり三〇分と決まっていたが、予定通りに進むことはまずなく、平均して日に六、七人と面接するのがやっと。それでも心身ともにクタクタになるには十分な数だった。

この日、最初に看守に連れられてやってきたのは、山本勝美(仮名)。

ここ数年、日々の教誨はだいたい山本からスタートするのが慣例になっていた。山本は今年で三三歳、数多いる死刑囚の中でも色んな意味でひときわ抜きん出ている男だ。親鸞《しんらん》の教えにかんするあらゆる書物を読破し、最近では浄土真宗をより深く知るためにと他宗派の勉強まで始めていて、次々と高度な質問を浴びせかけてくる。うかうかしていれば返答に窮することもあり、彼の教誨の時には、渡邉も真剣勝負を強いられた。

渡邉が大切に保管している「教誨日誌」に、当時の風景が見えてくる。

日誌は厚さ五センチほどあり、二つ折りの紙を束ねている。そこには面接の日付と時間、死刑囚の名前、交わした会話などが細かに書き込まれている。山本の記録を見ると、彼の真剣さが目に浮かぶようだ。

昭和四〇年二月二二日（月曜日）

被害者の命日につき共に読経。読経の趣について述べ、被害者に謝ると共に、阿弥陀仏の慈悲に感謝するための読経をすると言う。

三月一三日（土曜日）

往生論六六頁の説明、本人が意訳したものを聞いた。キリスト教の正田君（※「バー・メッカ殺人事件」〈昭和二八年〉の犯人）より質問、「親鸞には死の慶びがあったか」と聞くゆえ、「真宗は平生業成《へいぜいごうじょう》だから、死の待つ末は関係なし」と議論す。業ということの見方について、人におしつけるものではなく、己のうちに感じるものと話しあう。

一〇月八日（金曜日）

慰問に来た大石俳優が山本に、「あんたと話をしていると、どこかの坊主の話を聞いているようである」と感心して述べる。

昭和四一年五月九日（月曜日）

三部経の意訳ができたと持参す。これまた感心で文体は上上。紙代は残りものと言っているが、ペン先代も大変であろうと思った。とにかく仏法三昧の姿は有り難いことと共に不思議である。

判決が確定した死刑囚は、拘置所の敷地に並ぶ六棟の建物のうち男性の独居房専用の「四舎」、その中でも警備室に最も近い「二階」に集められていた。だから「四舎二階」と言えば死刑囚のことを意味する。「四《シ》・二《ニ》」というゴロも皮肉である。

やはり四舎二階の住人である山本の独房は、「一番」と呼ばれていた。実際、部屋に番号が付いているわけではないのだが、「一番」には特別な意味があった。それは模範囚に与えられたものではない。ここでは看守の休憩部屋の隣、つまり廊下の端の独房から順に一番、二番と呼ばれていて、番号が若い順から死刑が執行されていくというジンクスがあった。それに従えば山本は、処刑台への最前列に並んでいるということになる。

他の多くの死刑囚たちと同じように山本の罪名は「強盗殺人」、被害者は一人。これだけなら死刑にならない可能性もなくはない。しかし山本の場合、殺した相手が問題だった。被害者は、刑務所の刑務官――。「刑務官殺し」は拘置所の中でも特に目の仇にされている。

山本の人生を狂わせたのは、一杯の酒だった。

その日の朝は、新聞もテレビも山本の事件で持ちきりだったのを渡邉もはっきり覚えている。

〈二四人、看守を殺して脱獄、全都に緊急警戒網〉

〈白昼の脱走、一人は刃物もつ　恐怖の住民、自衛体制！〉

昭和三六年（一九六一）の冬、白昼堂々と二人の男が中野刑務所を脱走した。中野刑務所は軽犯罪の囚人ばかりを収容していて、普段は話題にあがるような場所でもなかった。ところがこの日、刑務官が頭をバールのような凶器で殴られ、便所で倒れて死んでいるのが見つかって大騒ぎとなった。殺害現場からは五〇〇〇円札入りの刑務官手帳が無くなっていた。

脱走したのは、山本勝美と小貫誠志（仮名）という三〇前の若い二人組。山本は、いわばコソドロの常習犯。捕まるまでは水道工事が得意な配管工で、実家に工務店を構えるほどの腕前だった。服役態度も極めて良好だったため、特別に十数人の受刑者を率いるリーダー役として、刑務所内の水回りを中心とした改修工事や修理作業を全面的に任せられていた。小貫は兄貴分の山本を慕い、その下について配管工事の技術を学んでいた。当時の新聞より所長の談話。

〈二人は真面目な大人しい受刑者だった。今までも、作業のため毎日のように外に出しており、どうしてこんなことをしたのか考えられない〉

二人の脱走劇は、翌日の昼、あっけない幕切れとなる。

脱走のニュースが大々的に報じられる中、町をさ迷う坊主頭の二人組は嫌でも目についた。二人は無銭飲食をしながら王子駅に辿り着き、別行動をとる。小貫は、近所の中学生に後をつけられ、王子駅前の映画館の前で御用となる。山本は、店で買った新聞に自分の顔写真が大きく掲載されているのを見て、それ以上、逃げるのは無理と観念した。近所のタバコ屋に入り、店番をしていた女主人（五九歳）に名を名乗り、警察を呼んでほしいと頼んだ。

翌日の新聞より女主人の談話。

〈一瞬びっくりしましたが、山本（※仮名に変更）は静かなものごしで凶悪な印象を受けなかったので、腰掛けるよう勧めると、ありがとうございますと言って座りました。警察に電話していいんですねと念を押すとお願いしますと言いまして一一〇番しました。警官が来る間、百円札を出してタオルとちり紙が欲しいというので、金はいいからとやりました。すると、残りの金も私にはもう必要ありませんから差し上げますと言って差し出しました。警官が来るまで刃物と刑務官の手帳を出して座り、おとなしく待っていました〉

「あんたみたいな人間が脱走犯だなんて、わしには想像がつかんよ」

この日、山本からの質問を一通り無事に答え終えた渡邉がそう語りかけると、山本は少しきまりの悪そうな笑顔を見せた。

「タバコ屋のおばさんには親切にしてもらいました。あの時にいただいたタオルは、つい先日までずっと大切に使っておりました。たった一杯の酒が飲みたいばかりにね。まさか看守さんも亡くなられるなんて思いもしませんで……」

脱走する数ヵ月前のことだったという。刑務所から指示されて壁の補修工事をしていた時、仕上げにペンキを使った。その時、プンとシンナーの臭いがした。山本は、ふと大好きだった日本酒の香りを思い出した。思わず、手元にあったタオルにシンナーをたっぷり吸わせて鼻にあて大きく息を吸い込むと、天にも昇る気持ちになった。

「もうその日から毎夜毎夜、夢にまで出るんです。とにかくおちょこ一杯でいい。出所まで二年も我慢できるかと小貫と意気投合しましてね。もう後先のことは吹っ飛びました」

渡邉は手元で二煎目を淹《い》れながら、しみじみと語る山本の話に耳をかたむけた。

判決文にある山本は、極悪非道な脱獄犯だ。酒を飲みたいばかりに看守を殴り殺す血も涙もない冷血漢。死刑判決を書くにはそうなってしまうのかもしれないが、渡邉には、手帳を盗んだのは事実としても「強盗」と呼ぶのは少し強引に感じられた。山本の口ぶりからも、殺すつもりはなかったというのも嘘ではないだろう。判決文の中の凶悪犯と、自分の目の前にいる山本の姿。渡邉にはまったく別の人間のように思えた。

人生は選択の積み重ねだ。右か左か、進むべきか引くべきか、踏み出すべきか忘れるべきか――。人は日々、常に大小様々の選択を強いられ、逡巡《しゅんじゅん》する。ところが、時にそんな迷いを一気に飛び越してしまうことがある。「魔が差す」という言葉があるように、普段は真面目なサラリーマンが大博打《ばくち》に出たり、億万長者が財布の一〇〇〇円惜しさに万引きしたり、敬虔《けいけん》な聖職者が幼児虐待に手を染めたり、人間誰しも悪魔のささやきに身を委ねる機会と無縁ではない。だが、そのことがどんな結果を招くかは紙一重だ。「運」もある。大したことにならずに済む者もいれば、山本のような最悪の結果を招く者もいる。

結局、山本は裁判で弟分の小貫をかばい、一切の罪を引き受けて死刑となった。無期懲役になった小貫は千葉刑務所に服役し、模範囚として過ごしていると風の噂に聞く。また事件の後、白昼堂々の脱獄劇を許した刑務所の手落ちは国会でも糾弾され、被害者の遺族である妻は、夫の不手際について新聞にお詫びの談話を掲載させられるまで追い詰められた。

酒が飲みたいという山本の欲望は、あまりに多くの人生を狂わせてしまった。事態をすべて元通りにするためのボタンは、もうどこを探しても見つからない。実は渡邉自身もこれから四〇年後、山本と同じように酒を巡る地獄の苦しみを味わうことになるのだが、この頃はまだ、たった酒一杯で我を見失ってしまった山本の心情を、心からは理解できていなかった。

実は、教誨を受け始めた頃の山本は、昭和四一年当時とはまるで別人だった。何を言っても上の空、最初の二年ほどは本人に「聴こう」という気持ちがなく、面接も世間話にばかり時間を費やした。

山本の転機は、ある夜、突然やってきた。

独房でふと目が覚め、眠れなくなった。枕代わりにしていた経典でもたまには開いてみるかと手にとったのが、親鸞聖人の教えを弟子が伝えた『歎異抄《たんにしょう》』。夜の独房の明かりは囚人の自殺防止や監視のため真っ暗にはせず、照度を落とす仕組みになっている。小さな文字を読むにはいかにも暗い。しかし、その夜はたまたま満月で、窓から差し込む月光はいつになく明るかったという。何の気なしに開いた『歎異抄』の頁に、次の二文字が浮かび上がった。

——悪人

悪人とは、人殺しの自分のことか。それがなぜ経典に？　思わず体を起こしてよく読むと「悪人正機」とある。

——善人なおもて往生をとぐ、いわんや悪人をや

悪人が往生できるとはどういうことか、山本はその先の解説に目を通した。

〈……世間の人は普通、「悪人でさえ往生するのだから、まして善人はいうまでもない」といいます。これは一応もっともなようですが、本願他力の救いのおこころに反しています。……

あらゆる煩悩を身にそなえているわたしどもは、どのような修行によっても迷い

の世界をのがれることはできません。阿弥陀仏は、それをあわれに思われて本願（※人々を救いたいという願い）をおこされたのであり、そのおこころはわたしどものような悪人を救いとって仏にするためなのです。ですから、この本願のはたらきにおまかせする悪人こそ、まさに浄土に往生させていただく因を持つものなのです。

それで、善人でさえも往生するのだから、まして悪人はいうまでもないと、聖人は仰せになりました〉（『歎異抄』現代語版より）

親鸞聖人は悪人を蔑《さげす》むどころか、悪人こそ救われると説いていた。人の命を奪った自分は地獄に落ちる、宗教に救われるわけはないと半ばふてくされていた山本は、あくる日の面接で『歎異抄』をふりかざして渡邉に詰め寄った。

「先生、どうしてこれまで私にこれを教えて下さらなかったのですか！　悪人でも救われると書いてあるじゃないですか！　私のような人殺しも救われると書いてあります！」

興奮する山本に、渡邉は「よしっ」と跳び上がりたくなるような気持ちを抑えて言った。

「山本さん、私がもし、これを読んでみなさいと言っても、あなたは読みましたかね？　あなた自身が読みたいと思った時が、仏縁（※阿弥陀仏や仏法と出会う縁）が熟した時なんです。きっと、あなたの事件の被害者の方が、あなたにこうやって縁をもたらしてくれたんですよ」

往々にして人は悪事を働いたとき、相手から糾弾されたり批判されると思わず反発して心にもない言いわけをしたり、責任逃れをしがちである。しかし、相手が自分を許していると知った時、そんな心の鎧《よろい》が一瞬にして消え去ることがある。〝赦《ゆる》し〟は、人間の反省や更生を促す特効薬のひとつなのかもしれない。

この時の山本の心境の変化を一言でまとめることは出来ないが、彼は自分を受け入れてくれる世界があることを知った。そして、この日を境に、死刑を待つだけの空虚な時間の中で被害者への供養に代えて、真剣に仏教の教えを学ぼうと決意した。そこらの生半可な僧侶とは比べようもないほど熱心に学び始め、次々と経典を読破した。山本の希望で差し入れる本は、こちらも事前に目を通しておかなくては後から何を質問されるか分からない。しかし彼の読書量は半端ではなく、もはや追いつこうにも追いつけない。近い将来に「死」を覚悟した人間の底力というものを、渡邉は思い知った。

山本は親鸞の教えの中でも、特に「自利《じり》と利他《りた》」という言葉を好んで使った。「自利」は、自らの悟りのために修行し努力すること、「利他」は他の人の救済に尽くすことだ。浄土真宗の教えは「自利」と「利他」が両輪で回り回ることを大切にする。なぜなら人間、自分ひとりの力で出来ることは知れているからだ。しかし、この点についてだけは山本は異論を唱えた。

「先生、刑務所は更生する場じゃありません。再犯で入ってきた者はみんな雑居房で、次の犯罪の相談ばかりしておりますよ。私も懲りずに窃盗を四〇件ほどやった常習犯で、止めようと思っても自分の生き方を変えるのは難しい。〈自利と利他〉も大切でしょうが、私はやはり〈自利〉によってからしか、真の人の姿は見えてこないと思います」

罪人には「自利」こそ大切だと力説する山本の持論は、常に自分を厳しく律しようとする彼らしい考えだった。しかし、そうやって山本が熱心に仏道を学ぶ姿は多くの者が知るところであり、新入りの死刑囚の中には山本を兄のように慕って教誨を受け始める者も少なからずいる。なぜか山本の周りには若い死刑囚たちが彼を慕って集まってくる。渡邉は、真宗の教えは百も承知の山本に、それでも伝えたかった。

「私には、山本さんの生き方が自然と〈利他〉に繋がっているように見えますよ。とても良い循環を生み出していますよ。この間もあなたに倣《なら》って教誨を受けたいという者が来たでしょう。あなたの生き方は、すでに多くの人を救っているのかもしれませんし、そういう人たちからあなたも良い影響を受けているかもしれない。人間はひとりで生きてはいけません。〈自利〉だけではいけませんよ」

そう振ると山本は黙って笑い、それ以上、反論しなかった。

前年の暮れには、こんなこともあった。山本が、拘置所の中庭に噴水を作らせてほしいと言いだした。元配管工の腕を生かして数週間がかりで完成させた設計図には、大小様々なしぶきをあげる噴水が、どの独房からも楽しめるよう配置されていた。教誨面接にも屋外での運動にも参加せず独房に引きこもっている死刑囚の心を、せめて慰める方法はないものかと考えた末に思いついた計画だという。しかも、使う水は循環式に設計されていて無駄にはならないとある。

設計図があまりによく出来ているので、渡邉も「もしや実現するかも」と思い、教育課の職員に渡しておいた。職員もその場では興味深そうに見ていたが、その後、何の音沙汰もなかった。「駄目だった」と言葉にするのが憚《はばか》られ、渡邉が山本と噴水の計画について話をすることは二度となかったが、渡邉には、他人を思いやる彼の気持ちは尊いものに思えた。

「悪人正機」を地で行くような山本の姿は、新米の教誨師にとっては理想的に映った。そんな山本の人生に自分もかかわることが出来ている、きっかけを与えたのは自分が渡した『歎異抄』だ。そう思うとどこか誇らしい気持ちがした。渡邉にとっては、山本に日々差し入れる本代だけでもかなりの額にのぼったが、ちっとも苦には思わなかった。

この日も、新しい仏典と武者小路実篤の『キリスト』を差し入れる約束をして、充実した思いで面接を終えた。

二　共産党嫌い

次に教誨室に入ってきたのは、四舎二階の住人の中でも大ベテラン。「三鷹事件」の竹内景助（四五歳）といえば、ここでその名を知らぬ者はいない。

竹内はいつもの気難しそうな表情を隠そうともせず、椅子に腰かけるやいなや付き添ってきた看守を「早く行け」といわんばかりの形相で睨《にら》みつけ、無言の迫力で追い出した。〝政治犯〟扱いのため何かにつけ監視の目が厳しいらしく、彼の官憲嫌いは有名だ。

「私だけ特別扱いして、常にチョロチョロついて回るんですわ。他の人にはそうでもないのに、本当に気に障ります」

そう言って不機嫌そうにガタガタ大きな音を立てて座り直した後、竹内は必要以上に背筋をピンと伸ばし、わざと明るい声で切り出した。

「先生よ、この間の〈報恩講《ほうおんこう》〉は良かったですなあ、いやあ、良かった。思いっきり腹の底から声を出して歌いました。あの女子生徒たちの歌声は、本当に良かった」

竹内が言うのは、一月に開いた「集合教誨」のことだ。この頃の東京拘置所では月に一度、平素は個人個人で教誨を受けている死刑囚が一堂に集まって、みなで経を読んだり法話を聞くことが許されていた。また「報恩講」とは、浄土真宗の門徒にとって一年で一番大切な行事で、親鸞聖人の命日の法要を営むことだ。渡邉の本派浄土真宗本願寺派（西本願寺）では一月一六日がそれにあたる。

渡邉が教誨を担当するようになってから、集合教誨も色々と趣向を凝らしていた。なるべく花祭や彼岸、報恩講などの仏事にあわせて開催日を設定し、自費で菓子を配ったりもした。その日が参加者の誰かが殺《あや》めた被害者の命日にあたれば、ともに読経もする。死刑囚どうし、独房の壁越しではなく顔をあわせて会話が出来る貴重な場でもあり、個人教誨は休みがちな者でも集合教誨にはだいたい顔を出した。

竹内が喜んだ一月の集合教誨は一六日に開かれていた。確かにこの日は特別なイベントを用意した。渡邉の依頼で駆けつけてくれたのは、武蔵野女学院の聖歌隊八人。テープレコーダーのオルガンの伴奏にあわせて「真宗宗歌」や「みほとけは」を歌ってくれた。女性には縁のない死刑囚たちを刺激しないよう、女学生たちはカーテンの後ろに立ってもらって声だけの出演ではあったが、死を待つ独房暮らしの男たちは女学生の透き通った歌声にすっかり慰められたようだった。そういえば竹内も、いつもの強面《こわもて》をすっかり緩ませていた。後から考えると竹内は、女学生の姿に長女の成長を重ねていたのかもしれない、と渡邉は思った。

竹内の犯行とされた「三鷹事件」は、日本がまだ連合国の占領下にあった昭和二四年（一九四九）、国鉄三鷹駅で起きた。

七両編成の無人電車が暴走して脱線・転覆し、線路脇で六名が電車の下敷きとなって死亡、負傷者も二〇名にのぼる大惨事だった。事件の背景について語るには少し長くはなるが、その後の竹内の抱える事情を考えると省くことも難しい。

当時の世相は、内戦が続く中国で共産党の勝利が濃厚となり、朝鮮半島では共産政権と親米政権が緊張を高めていた。日本でも共産党が議席を増やしており、GHQ（連合国軍最高司令官総司令部）は反共の姿勢を明確に打ち出していた。共産党員が幅をきかせていた国鉄の大量人員整理が進められる、そんな最中《さなか》に三鷹事件は起きた。事件は、「人員整理に反対する国鉄労組の犯行」という筋書きで捜査が進められ、共産党員九名と非共産党員の竹内が逮捕された。竹内は、国鉄を解雇されたばかりで共産党シンパだったことから嫌疑がかけられた。

裁判では、共産党員がそろって無実を主張する中で、竹内だけが、奇妙な行動をとった。「無実、単独犯、複数犯」と供述をくるくる変転させたのだ。そして最終的に一審は共産党員を嫌疑不十分で全員無罪にし、竹内だけを無期懲役、二審では死刑とした。後の上級審では、電車をひとりで暴走させる「単独犯行説」には技術的に相当な無理があることも分かってきた。しかし、それこそ単独犯という筋書きで走り始めた司法の電車は、決して行き先を変えようとしなかった。最高裁判所大法廷は「八対七」という僅差で竹内の死刑判決を確定させた。まるで学級委員長を選ぶような、一票を争う死刑判決は日本の司法の歴史で後にも先にも例がない。

結局、竹内ひとりが罪をかぶることになったのは、彼の再審請求補充書によると

「（共産党系の）弁護士から、罪を認めても大した刑にはならない、必ず近い内に人民政府が樹立される、ひとりで罪を認めて他の共産党員を助ければ、あなたは英雄になると説得された」からだという。再審請求では竹内のアリバイを立証する複数の証言も提出されたが、裁判所は全く動こうとしなかった。この国の再審の門は、開かずの扉なのである。

渡邉よりも一〇年前に竹内と面会していた精神科医の加賀乙彦は、著書『死刑囚の記録』（中公新書・昭和五五年）の中で竹内が語った言葉を次のように紹介している。

〈おれは弱い人間なんですね。弱いから人をすぐ信用してしまう。党だって労組だって、大勢でお前を全面的に信用するといわれれば、すっかり嬉しくなって信用してしまった。（略）けっきょく、党によって死刑にされたようなもんです。（略）しかし、考えてみればだまされた自分も悪い、その点ではもうジタバタはしないつもりです〉

三鷹事件は二〇一一年になって遺族による再審請求がなされていることを付け加えて、話を渡邉の回想に戻すことにする。

この頃、死刑判決が確定してから死刑が執行されるまでの時間は、おおむね三年から五年。しかし竹内は、確定から一〇年以上獄中に置かれていた。歴代の法務大臣は、彼の死刑執行命令書にだけは決してサインしようとしなかった。明らかな特別待遇の背景には、法曹関係者の間で「占領下という特殊な世情の下での事件であり、真相は闇の中」という共通認識があるからと噂された。

東京拘置所でこれだけ長く勾留されたのは、この当時、竹内ともうひとり、やはり冤罪《えんざい》濃厚と噂されていた帝銀事件の平沢貞通（昭和六二年に獄中で病死）だけである。執行されることのない死刑囚が獄中にいるというのも奇妙な話だが、人目に晒《さら》されることのない塀の中で起きることの多くは、行政の側の〝都合〟により動くのが常のようである。

その竹内は渡邉よりも一〇歳年上で、面接での会話の主導権はいつも彼が握った。

「ところで先生よ、この前、茶を飲みすぎてゲエゲエ言っておったから、今日はみかんと羊羹《ようかん》を持ってきましたぜ」

竹内は面接が続く渡邉を気遣って、自分のために差し入れられた貴重な食料をちょくちょく持参した。規則では死刑囚から物品を受け取ってはいけない決まりだが、この時ばかりはさすがに刑務官も目をつぶっていた。

竹内もまた脱獄犯の山本に劣らず、浄土真宗の教えに真摯《しんし》に向き合った。やはり経典はしっかり読み込んでいたし、長い独房生活での鍛錬の成果か、特に写経がうまかった。気に入った『論語』の一節や諺《ことわざ》を書き写しては、「先生、私の遺品と思って預かっていて下さい」と何十枚も渡された。竹内の独特な筆遣いは、僧侶である渡邉から見てもかなりの腕前で、芸術作品の域にあるようにすら思えた。

また竹内は写経ともうひとつ、心を鎮める術《すべ》を得ていた。ヨガの行である。子どもが差し入れてくれたインドの書物からヨガの理論と実践を自分なりに研究し、教誨室でもたびたび床に座り込んでは実演してみせた。

「先生も落ち着くからこれをやったらよい」

そう言いながら、どうやったら足がそんなところへ届くのか、関節はどこにあるのかというような奇怪なポーズを平気でやってのける。その身体の柔らかさと集中力には驚かされたが、渡邉にそんな曲芸は真似できるはずもなく、もっぱら苦笑いで見学役に徹した。

死刑囚は、希望すると独房で請願作業（紙袋作りなどの手仕事）を行うことが出来る。竹内はそこで得られた報酬を渡邉にそっくり預けていて、預かった金を合算するとかなりの額になっていた。家族思いの竹内には妻と五人の子どもがいて、妻はちょくちょく面会にやってくるのだが、いつ頃からか現金を渡す（宅下げする）のだけは止めていた。理由は、妻に付き添ってくる共産党員の事務局長の存在だという。せっかく家族に金を渡しても、共産党に支援費用などの名目で横取りされ、いいように使われてしまうのではないかと竹内はひどく疑っていた。

面接では気のいい竹内も、ひとたび独房を出ると人が変わったように問題を起こした。

読書好きで知識欲旺盛、ひと一倍、頭の回転が速く、強盗や強姦殺人を犯した他の住人たちを見下すような態度を隠そうともしない。行く先々で反目の火花を散らして煙たがられ、売られた喧嘩を律儀に買っては諍《いさか》いを起こし、度々、懲罰房に入れられた。そのため渡邉まで、他の死刑囚の面接の時に、竹内についての苦情をぶつけられることも少なくなかった。また、刑務官にも然り。竹内は、彼らが日々の業務でちょっとしたことを間違えて謝らずにいると、太い眉をつり上げて食ってかかった。そんな竹内と対等に会話ができるのは、先の山本くらいである。

この日より少し前の面接で、渡邉が新聞のコラムで見つけた「忘れ勝ち」という言葉を竹内に紹介した時のことが「教誨日誌」に書かれていた。

「竹内さん、嫌なことは忘れた方がよいですよ、『忘れ勝ち』とは、溜めると病気になるよということではないですかね。後ろ向きの気持ちは常に排泄《はいせつ》してゆかないといけません。これは竹内さんのためにあるような言葉ですよ」

そう言うと竹内は何も答えなかった。本当に一本気な男で、身の回りの小さな不正義のひとつひとつがどうしても許せないでいた。

この頃の竹内は、すっかり事件や裁判のことについては諦めた様子だったが、時おり意味深な発言をしていたと「教誨日誌」にはある。

昭和四〇年五月二九日（土曜日）

裁判をふり返り、「私は長年、人の鼻で息をしていた。自分の鼻で呼吸することを忘れていた」と言う。

九月二七日（月曜日）

先日の彼岸法要で聞いた「蜘蛛《くも》の糸」の法話は、まるで自分のことを言われているようでカチンときたという。そのため、説教は聴く時の個人の状態によってどのようにでも聴けるものだと説明した。

昭和四一年一一月一二日（土曜日）

「今さら、私の馬鹿さが知られます。同僚は共産党の本部課長や、第一生命の年収五百万円の重役になっている」と言う。

竹内は事件について考える時、仏教でいう「因果」という言葉をよく使った。今、起きている事々は先祖の行いが関係しているのではない、自分の自由意志により決まる「独因独果」なのだから黙って受け止めなくては仕方がないと重ねて言い張った。

「先生よ、私はこの黒潮の上にヤケで乗っているのではないんです。明らかに自分の自由意志で見届けた上で乗るのであるから、どんなことになろうとも、後悔などないのですよ」

黒潮とは、死刑執行への道ということだ。今さらどうあがいても裁判の結果は変えようがない。ひとり死刑という貧乏クジを引いたのは他人のせいではなく、自分が悩み考え、最終的に自分の意志で導いた結果なのだと、竹内は自分自身を納得させようとしているように見えた。

この日、話の向きはどうしても明るくない方向へと進みがちだった。竹内は「独因独果」の話をひとしきり勢いよく話し終えると、今度はガックリと肩を落としてひとり語りのように続ける。

「まあね、先生よ、そうは言いながら、私も正直言うと、こんなに信心してどうなると思うことはありますよ。自分は所詮、死刑囚じゃないかと、時々、自暴自棄になりますわ……」

自ら選んだ人生と自分に言い聞かせながらも、色々と考え煮詰まることもあるのだろう。竹内に限らず、教誨を受けている死刑囚が信心することへの疑問を抱くのは珍しいことではなかった。熱心に教誨に臨んでいる者ほど、ある時期がくると同じ壁にぶつかった。

三〇代も半ばの渡邉にはまだ、人生であらゆる辛酸を舐《な》めてきた彼らの苦しみに向き合うだけの人生経験もなければ度量もなかった。大ベテランの師匠、篠田龍雄のようには、とてもいかない。疑問をぶつけられた時は、自分が学んできた真宗の教えを総動員して必死に答えを捻《ひね》りだそうとした。そして、よく「辺地《へんじ》」という言葉を使った。「辺地」とは、浄土のほとりという意味だ。阿弥陀仏に救われていく世界が「浄土」であるならば、阿弥陀仏の心を理解できず苦しむ世界が「辺地」である。竹内の気持ちを何とか慰めようと、渡邉はこう伝えた。

「竹内さん、あなたは今、〈辺地〉におられるのです。偉そうなことを言っている私だって一緒です。どこかで疑う心がぬぐえないでいます。でも阿弥陀様は、信じることの出来ない今のあなたの、そのまんまの姿を受け止めて下さる。あなたが地獄へ落ちていくなら、落ちていくそのまんまの姿を抱き留めて下さる。悪人と同じ、信じることが出来ない者こそ救われていくべきなのです。どんなに疑っても、ちっとも功徳を積めなくても、阿弥陀様は浄土へ行ける条件など一言も仰《おつしや》っていない。だから疑う心があって当然、安心していいんです」

このフレーズは、竹内と同じように不信心な自分を嘆く者たちへの渡邉の十八番になっていた。

裏事情をあかすようだが、実は、竹内と渡邉が交わしたのと同じ「辺地」を思わすやりとりが、『歎異抄』に出てくる。渡邉がとりわけ好んで読んでいた部分だ。渡邉の解説によると『歎異抄』を書いたと伝えられる弟子の唯円《ゆいえん》は、親鸞聖人にこう尋ねている。

「実は私は、阿弥陀様の御本願の話を聞いても、ちっとも嬉しくありません。念仏を唱えても、ちっとも嬉しくございません。浄土に往生したいとも思いません。これは一体どういうことでしょうか」

すると親鸞聖人は答える。

「はあ、あんたもか。私もだよ」

びっくりして親鸞を見つめる唯円に、親鸞は続ける。

「私もそうなんだよ。そういう心を持った人間こそ、阿弥陀様は救おうとなさって下さるんだよ。御念仏を有り難がったり、御本願を有り難がったりすることが救いの条件ではないんだよ。ただ、阿弥陀様にお任せすればそれでよいのです」

渡邉が親鸞そっくりそのままの解説をしてみせると、竹内はじっと聞いていた。

「そうでしたね、先生。こうやって苦しんでいるのも私自身の姿として受け止めなくてはならないんでしたね。でもね、何年学んでも、なかなか実際にやるのは難しいもんです。こうやって苦しんでいるのも私だけでもないでしょう。今、子どものことを思い出しました。私がこんなことになって、子どもの将来が心配ですよ……」

今日という日は、竹内の苦しみは尽きぬようだった。面接の最初こそ一月の集合教誨の思い出話をにぎやかに語りあったが、その後は、吐く息も吸う息も苦しいような会話ばかり。やがて訪れる長い沈黙は、話題の終点でもあった。面接は予定の三〇分をすっかり過ぎている。かける言葉も見つからず、頭の中で何とか一言でも捻り出そうと立ち往生している渡邉の気配に気づいたのか、竹内は気まずい沈黙を破るように席を立った。そして帰り際にこちらを振り返り、思い出したように言った。

「そうそう、先生よ、私の近くの房に木内何某《なにがし》という新入りが来ました。二〇代の若者で、そろそろ上告だそうです。教誨を受けたいと言っておりまして、今は山本君が面倒をみております。今日の午後あたり来るかもしれません。真面目なやつだから、ひとつ宜しくお願いしますよ」

竹内にも心を許す相手がいるのだと知って、渡邉は少しホッとした。

塀の外に普通に暮らしている人たちにとって「死」はいつも遠い話だ。年老いていよいよ病に倒れ、先に不安を感じる事態にでも迫られない限り、周りにあるのは見渡す限りの「生」であり、今の穏やかな日常が永遠に続くものと思い込んでいる。

しかし死刑囚は、今、この瞬間は確かに「生きている」が、明日には「死んでいる」かもしれない者たちである。日常の思考の大半が「死」で占められている彼らの進む方向は、大きくふたつの道に分かれる。ひとつは、考えることを止めてしまうこと。すべての苦悩を忘れ、諦め、目の前で起きることのみを見つめて日々を淡々と生きる道である。

そしてもうひとつは、「残された時間を生きる意味」を見出そうともがく道。もとより苦渋に満ちた己の生き様に、苦しみは深まる。竹内のように信心への疑念も生まれる。だが深まる苦しみと比例するように、残された時間がより密度を増していくことも間違いない。同じ風景も眺める場所が変われば趣を変えるように、今ある「生」もまた、「死」の側から眺めれば異なる輝きを放つこともある。

渡邉はこの頃、死刑囚たちの間で「教誨を受けると人間が暗くなるから、受けない方がいい」という会話が度々、交わされているという話を聞いたことがあった。それは、あながち見当外れでもないなと思った。物事の原因を他人のせいにせず、自分の方向に向けて突き詰めて考えることのしんどさを的確に言い表している。自利だの利他だのと信心を深め、何かを見出したからといって罪が消えるわけでもなければ、「死」への時間が猶予されるわけでもない。時には「こんなことして何になる」と落ち込むこともあるだろう。

しかし、考えぬことの気軽さが心の平穏に繋がるかどうかは、また別の問題だ。苦しみや悲しみを頭の中から追い払ったつもりになり、口に出さないでいても、胸の中では逆にどんどん増殖し、澱《よど》み、充満していく。それは、人間が生きていることの証でもある。たとえ堂々巡りでも、何度でも考え、そして残された時間にすべきことを語り合うことの意味はきっとある、渡邉はそう思って自分を奮い立たせるのだった。

三　悪女

裁判所で死刑判決が下される度に、四舎二階には次々と新入りがやってくる。

この数年間で一番、注目を浴びたのは、久しぶりの女性死刑囚となった小林カウだろう。カウの事件は連日、沢山の脚色を交えて新聞や週刊誌を賑わせていた。すさまじい物欲と色仕掛けで男を次々と手にかける稀代の悪女。金のためなら男の命を奪うことすら躊躇《ためら》わない冷酷な女。四舎二階でその顔を見たものはまだおらず、「かなりの美女らしい」という噂がまことしやかに流れた。

しかし噂というものは、人の口を経るごとに尾ひれ背びれが付いてゆき、しまいに足まで出来てひとり歩きを始めてしまうものだ。カウが逮捕された時の年齢は五三歳、歯も数本抜け落ちて、白髪交じりのザンバラ頭。老いてもなお目を見張るような色白の肌が女の七難を隠した可能性は否定できないが、「かなりの美女」はさすがに男たちの妄想の産物であった。

淫靡《いんび》な噂に包まれた女死刑囚の登場に、万が一、日照り続きの男たちを興奮させるようなことがあってはならぬと気をまわしたのは拘置所の官吏たちだった。カウの身柄は、四舎二階から遠く離れた女性専用の別の棟に置き、後に始まる教誨面接も、教誨師に彼女の独房までわざわざ足を運ばせるほど念を入れた。そういう事情で、後々までもカウの容貌が四舎二階の男たちに披露されることはなく、「かなりの美女らしい」という噂は艶を放ち続けた。

渡邉は後にカウの面接を担当し、狭い独房でその顔にまじまじと向き合うことになるのだが、「余計な配慮など、まったく必要ないのに」と思わず苦笑いを嚙み殺すことになる。当のカウにしてみれば、いずれも余計なお世話なのだが。

さて、後に吉永小百合が主演する映画（『天国の駅』東映・一九八四）になるほど世間の耳目を集めた小林カウの事件は、「ホテル日本閣殺人事件」と呼ばれている。

現場は栃木県の那須塩原温泉だ。ひとまとめに言えば、土産物屋を営んでいたカウは旅館の女将《おかみ》となる夢を抱き、経営が傾いていたホテル日本閣を乗っ取ろうと企てる。ホテルの経営者と肉体関係を結び、その流れで経営者の妻を殺害することにした。カウは、日雇い仕事で生活していた住所不定の男、金築逸朗（仮名）を色仕掛けで引きずり込み、経営者の妻を殺すよう促した。裁判記録によると怖気《おじけ》づく金築にカウは、「人を殺すと思うから怖気づくんだよ。犬か猫をやると思えばへっちゃらだ」

とその尻を叩いたというから凄まじい。

さらにカウは金築に、「経営者を殺してくれたら、夫婦になってホテルを経営しよう」と持ち掛け、経営者も殺させる。こうして一瞬はホテルを乗っ取るのに成功したわけだが、色欲の修羅場はこれに終わらない。カウはさらに別の情夫を作り、その情夫をけしかけて、事件の背景を知る実行犯の金築を殺す寸前で逮捕された。

〝悪女〟の餌食となったのは、二人だけではなかった。逮捕されたカウは、さらに別の殺人事件も自供した。

被害者は、日本閣事件の三〇年も前に結婚していた前夫だった。前夫は病弱でカウは性生活に満足できず、何人もの男と浮気をした。そのうち一回り以上も年下の男に入れ込んでしまう。だが前夫は何度頼んでも別れてくれない。邪魔になったので青酸カリで毒殺した、という筋書きだ（その後、若い男は別の若い女に乗り換えて結婚し、カウから慰謝料までふんだくっている）。

結局、カウにそそのかされ実行犯として二人を殺害し、自らも殺されかけた金築もまた、新入りの死刑囚として四舎二階の住人となった。金築は幼少期から家庭に恵まれず天涯孤独で、人に頼りにされると嬉しくて断れないような気の弱い男だった。四舎二階の同僚たちからはとりわけ同情の目がそそがれたのは言うまでもない。

このように今に伝わる「ホテル日本閣事件」は、小林カウという〝悪女〟の強欲ぶりばかりが強調されている。しかし、主語を変えて事件を語ると趣は少々異なってくる。

実は、被害者のひとりであるホテル日本閣の経営者は、多額の借金を重ねて経営難に喘《あえ》いでいた。そこで小金を持っていたカウに目をつけた。妻にしてホテルの共同経営者にしてやるから、今の妻と別れるための手切れ金五〇万円を出すよう誘う。

これをカウが三〇万円に値切ったために、妻は「これでは足りない」と離婚を断る。経営者とカウが彼女を殺す計画を立ち上げ、金築に殺害を実行させたのはすでに見てきたとおり。事実上の妻の座についたカウは、せっせと貯めてきた有り金、当時の金で二〇〇万円という大金をつぎ込んで旅館の増築を始めた。経営者からすれば、待ってましたというところか。

ところが暫くして、カウにとっては思わぬ事実が明らかになる。経営者は、事前に約束したとおりホテルの名義をカウの名前に変えてくれてはいなかった。それどころか旅館は借金漬けで抵当が幾つもついていて、近々、競売にかけられる瀬戸際にあるという驚愕の事実が判明するのである。つまり、カウもある意味で経営者の甘言にのり、旅館に虎の子をつぎ込まされていたわけだ。こうなると可愛さ余って憎さ百倍、さらなる復讐劇が続いていくことになる。

そのカウが、そろそろ死刑判決も確定するという頃から「自分も宗教をやってみたい」と言い出した。

実際は、真剣に宗教教誨を望んだというよりも、何かしら話し相手が欲しかったということのようである。カウは教誨面接を受けるにあたり、担当の刑務官にひとつ条件を出した。

「自分はこれまで創価学会に入っていたけれど、ここには創価学会がない。仏教といっても色々あるし、どれが自分にあっているかは受けてみないと分からない。教誨師との相性だってある。最低でも三つくらいは同時に試してみたい」

カウは独房でのひとりの時間を持てあましていた。週に一度くらいの面接では、とても物足りなかった。そんなカウの希望は聞き入れられ、三つの宗派のうちのひとつが、渡邉が担当する浄土真宗に振り分けられたというわけである。

渡邉とカウの面接初日、「教誨日誌」には次のように説明されていた。

カウは他の死刑囚のように「初日くらいは神妙に坊主の話を聞こう」という素振りはチラとも見せず、一方的に愚痴をぶちまけ始めた。これまで自分は散々な苦労をしてきた、男に騙された挙句、囚人にされた、金も騙し取られて死刑囚になるとは世の中こんなおかしいことはない、云々《うんぬん》。渡邉はカウの怒濤の愚痴をせめて会話にしようと、那須塩原あたりの風景をやんわり尋ねてみたが無駄だった。渡邉の質問などお構いなし、カウの恨み節は、決壊した堤防からあふれだす濁流のごとく続いた。

翌週の面接も、興奮が興奮を呼ぶ展開。そこで三度目の面接で、渡邉はカウの生い立ちを尋ねてみた。するとカウは、やっとそこに渡邉が座っていることに気付いたように、少しずつ答え出した。

カウが生まれたのは明治四一年（一九〇八）、現在の埼玉県熊谷市だった。実家は貧しい子沢山の農家で、カウは八人兄弟の五人目の次女。小学校四年を終えると、口減らしで東京に奉公に出された。両親との関係はきわめて希薄で親のことはほとんど記憶にないという。

二二歳で熊谷に戻り、結婚。夫が病弱だったためカウが生計を支えるために商売を始めた。その頃から、カウの人生は不気味な輝きを放つようになる。カウは戦後の禁制品、つまりヤミ商売に手を出し、米や砂糖、自転車のゴムなどを仕入れて売りさばき、かなりの金を稼いだ。家にいる間も休む間もなく菓子や漬物をせっせと作っては近所の店で売りまくり、ついには自分で土産物屋まで開業した。確かに商才はあったのだろう。さらに渡邉には話さなかったようだが、カウはその他にも、違法な春画を高値で売りさばく商売にも手を出していて、簡易裁判所で罰金を払わされたことが裁判資料には記されていた。

夫殺しにまで手をそめ一緒になろうと情熱を燃やしあった若い男は、ヤミ米の取り締まりにやってきた警察官だった。しかし男も最後は自分を裏切って去って行った。人の心は変わる。愛はいつか裏切られる。しかし「金」は真面目に働いた分だけきちんと入ってくる。投資した以上の見返りを得ることもある。「金」は唯一、カウを裏切らなかった。それからのカウは、商売に役立つ男がいれば次々と肉体関係を結んだ。小さな土産物屋の女店主から、旅館の経営者という地元の名士の仲間入りをすることは彼女にとって人生を賭した夢だった。

すべてが破綻して逮捕され、一審の裁判長から「自分を欲深い人間とは思わないか」と問われたカウは、大真面目に答えている。

「ええ、カネを貯めると胸が熱くなるのです」

カウは、殺害した前夫との間に男の子をもうけていた。だがその子は知的障害を負ったまま、幼い頃に亡くなった。カウはそのことを、原因不明の病で死んだ実父の祟《たた》りと信じ込んでいた。さすがに裁判では語らなかったが、自分がこのような身に落ちぶれたのも、すべて父の怨念のせいと面接で繰り返しボヤいた。

渡邉は、この女に対して自分が何をしていけばよいか悩んだ。もちろん端《はな》から真宗の教義など聞く素振りもない。カウの話はすべて怨《うら》み節だ。他人を怨み、呪《のろ》い、自らを省みることなく処刑されていくのではあまりにも浮かばれない。

最初の面接から一月半が経った一〇月二四日、渡邉はカウにこう語っている。

「あなたは人生に不自由がありましたな。女ひとりで生きていくには危ない状態だったのです。如来様が、あなたをここ拘置所という安全地帯に引き取られた。よく考えてみれば、それはとても幸運なことだったのですよ」

そして、用意していた木製の小さな如来像をカウに手渡した。

「あなたはこれまでひとりで生きてきたけれど、これは、あなたを見守ってくれる親《おや》様《さま》と思って大切になさい」

そんなものは要らぬと放り出すかと心配したが、カウは神妙に礼を言って両手で如来様を受け取った。しみじみと如来の顔を見つめて、「では、私も如来様にあげるお経を覚えましょうか」と言った。その素直な態度に渡邉は少し驚いた。

カウを担当する女区の女課長の話では、カウは独房に戻ってから部屋の隅に如来様の部屋をこしらえた。毎朝三〇分ほど、たどたどしくも「正信念仏偈《しょうしんねんぶつげ》」をあげるようになった。その姿には女性看守も驚いたという。穏やかな笑みを浮かべる如来像の存在に、カウは小さな平穏を得たのかもしれなかった。ただ、だからといってカウという女が聖人のように変わるほど話は単純ではない。

死刑判決が確定したカウが他の新入り死刑囚たちと比べて、錯乱することもなく落ち着いていたのは確固たる「自信」があったからだ。カウは、自分は絶対に死刑にはならないと信じ込んでいたと渡邉の日誌にはある。

「先生、私は女だから死刑執行はないんです。これまで女で死刑になった者はいないでしょう？　私は一〇年経ったら仮釈放になります。だから今の生活は上々です」

自己中心的な、別の言い方をすれば、死刑判決を受けてもなお恐ろしく前向きな姿勢が、女の中心にはドンと居座っていた。その思い込みの激しさは不思議なほどでもあった。一度そう思うと、別の選択肢は一切、浮かばない。女が犯罪を重ね突っ走った一面を、渡邉は見る思いがした。

そういう事情でカウは、自分が拘置所から釈放された後の生活設計について真剣に考え始めた。これからは戦争も起こらないだろうから老人が増えていく、若い者は働くのに忙しい、だから老人を集めて住まわせる家、つまり養老院を作れば儲かるはずだ（あながち見当外れでもない）。施設の建築費用を中抜きしていくら儲け、初期の運営費用は入所者から頭金として集め、日々の業務でいくら利益が上がるか、一円単位まで細かく計算しては渡邉に披露した。

ところが、その計画の中でカウの頭を悩ませたのが、「土地」の購入資金だった。養老院の計画があるだけでは、土地を買う金は簡単には集まらない。さすがにホテル日本閣のように、すでにある養老院を乗っ取るわけにもいかない。逮捕され独房に入れられるのが割にあわないことは勉強済みだ。そこでカウは、毎日、独房に流される定時のラジオニュースで、アメリカから日本に返還されることが盛んに取り上げられていた「小笠原諸島」に目をつけた。

「小笠原に養老院を建てるんです。あそこなら土地代は半分です。いずれ私もそこに入って死ぬつもり。先生も一緒に小笠原に行きましょうよ。あそこは雪も降らないし、年中あったかいそうですよ」

面接の度にカウの計画を聞かされ小笠原行きを誘われた渡邉は、いつもこう返した。

「カウさんよ、わっしはあなたの夫じゃないのだから一緒に行くのは小笠原ではない。お浄土までなら共に行きましょう」

そう言うとカウはいつも、「自分は死刑になどならないのに」と困ったように笑った。そして、「先生あのね、真宗の本もいいけれど、なるべく沢山、養老院のパンフレットを差し入れてちょうだい」と重ねて無心した。渡邉は苦笑いしながらも、葬儀で養老院に出向くことがあれば律儀にパンフレットをもらって帰ってやった。

人間にとって、自分が満たされ幸せと感じることが出来るかどうかを測る方法に、分母は「欲望の大きさ」で、分子は「今、自分が持っている量」という話がある。たとえその手に巨万の富を得ていたとしても、分母の欲望がより大きければ渇望感は満たされることはない。渡邉は、カウの分母はいったいどのくらいあるのか眩暈《めまい》がするようだった。

翌年の四月二〇日の会話。

「カウさんよ、金のことではあなたも苦労しただろう。人間あまりにも財欲を持つと、どこかから金が漏れて流失してしまうもんだ。金のことは、もうよろしいぞ」

「先生、私は釈放されたら一〇五歳まで生きるつもりです。だから金は必要です。養老院に入る前には世界漫遊もするつもりです。七〇歳になったら年金が入るはずだけど、それも月に一万円程度だから、まだまだ足りません」

そんな具合のカウに、渡邉は時に厳しく諭した。たまには死について真面目に考えよ、自分の死を見つめることもまた生きるということなのだ。人間、死ぬ時は死ぬ、医者も死ぬ、あなたも死ぬ。養老院の計画も悪くないが、その先のお浄土のことも大切だ、と。それにカウがどう答えたか、日誌には記されていない。

教誨の面接が始まって半年もすると、カウは「お試し」で同時に面接を受けていた三つの宗派から、渡邉の浄土真宗を選んでいる。ただ、最後まで二つの選択肢を前にグズグズ迷った。渡邉が理由を尋ねると、もうひとつの宗派の教誨師は、面接の度に渡邉よりも沢山、菓子を食べさせてくれるからだという。

「カウさんよ、お前さんは菓子につられるのかよ……」

渡邉が大袈裟にがっかりした様子を見せると、カウは渋々、浄土真宗に決めた。それから日々の面接は続いていくのだが、「教誨日誌」に記載されたカウの質問はなかなかカウらしい。

〈仏様は男か、女か〉
〈仏様は性生活をするのか〉
〈お浄土で、地上で貯めた金は使えるか〉

〈お浄土から帰ってきた人はいないのか〉

答えを聞いてみたい気もするが、渡邉がこれにどう答えたかは記されていない。渡邉もさぞ苦労したことだろう。時には渡邉もカウにこんな質問をして反撃をしていたと日誌にはある。

「カウさんよ、あんた、もし今、大金を拾ったら、ちゃんと届けるか？」

カウは真剣にどうしようかと悩んだ挙句、「届けます」と答えていた。

渡邉との面接が始まって暫くして、カウがひどく不機嫌になったことがある。浄土真宗の教誨を受けている男の死刑囚たち全員が、月に一度は集まって集合教誨を開いているという話を伝え聞いたからだ。カウを担当する女性看守がうっかりもらしたらしい。カウはまた怒濤の勢いで渡邉に怒りをぶつけてきた。

これまで死刑囚が集まっての教誨があるという話は聞いたこともないし、まして自分は誘われたこともない。同じ死刑囚なのにひどいではないか。自分だけ女という理由で出席できないのはおかしい。世間でも散々、女であることで損をした。商売人もお役人も坊さんも同じなのか。

特に集合教誨で出席者全員に菓子の詰め合わせが配られたという情報は、カウの気分を一層、悪くさせたようだった。

渡邉は「拘置所の規則だから、私の力ではどうしようもないのだよ」となだめながら、「その分、ここで食べていきなさい」と茶菓子の羊羹をいつもより多めにサービスした。カウは最初こそブツブツ言っていたが、すぐに上機嫌になり羊羹をパクパクつまみ始めた。そして再び、養老院経営の壮大な計画についてとりとめもなく語るのだった。導火線に火がつくのも早かったが、その火が消えるのもまた早かった。

そんな無邪気な姿を見て、渡邉は思った。ここにいる小林カウという女は今、これまでの人生で一番解放されているのかもしれない。金のことからも、男のことからも。

四　教誨と権力の距離

渡邉が教誨師になった頃の東京拘置所には、随時八人から一〇人ほどの専属の教誨師が出入りしていた。

『教誨百年』によれば教誨師の宗派も多岐にわたっている。本派浄土真宗本願寺派・浄土真宗大谷派、天台宗、カトリック、日本基督教団、曹洞《そうとう》宗、日本聖公会、そして日蓮宗。在任期間は戦後に登録された一六人のうち、篠田龍雄のように二〇年以上にわたる者もいれば、三年や五年で辞退した者、一年足らずという短期間の者もいる。

改めてこの「教誨師」という存在について、その歴史を少しだけ俯瞰《ふかん》しておく。

飛鳥時代（六〇四年）に成立したとされる憲法十七条にはすでに、〈人間には極悪のものはまれである。教えられたならば道理に従うものである。仏法僧の三宝によってよこしまな心と行いを正すべきである〉と記されている。

古くから犯罪者が寺に逃げ込んだり、寺が犯罪者を匿《かくま》って立ち直りを促したり、寺が死刑囚を引き取って一生、修行を積ませたという話は多く伝えられている。法律や道徳の世界では赦されることのない犯罪者や、刑期を終えて行き場のない者を、最後に受け入れてきたのが宗教のようだ。

明治時代の初期には、浄土真宗の僧侶が複数、監獄に出入りしていたという記録が登場する。この頃はまだ、教誨師を束ねる統一的な組織もなく、有志がそれぞれの信念に従って行う自然発生的な活動に過ぎなかった。教誨には宗教者だけでなく、民間の篤志家も参加していたと記録にはあり、監獄による管理もゆるやかである。教誨師は広い意味での教育係やカウンセラーのような機能も求められていたのだろう。

監獄の規則に初めて「教誨師」という名称が確認されるのは明治一四年（一八八

二）の『監獄則』で、第九二条「已決《いけつ》囚及ヒ懲治《ちょうじ》人教誨ノ為メ教誨師ヲシテ悔過遷善ノ道ヲ講セシム」という部分だ。この八年後には、教誨師は拘置所の職員と同様の出勤形態をとるようになる。しかし、俸給を負担するのは本山であり、それを理由に拘置所への派遣を止める宗派も多かった。

明治三三年（一九〇〇）から一〇年間にわたり、鍛冶橋《かじばし》監獄や東京監獄で教誨師を務めた田中一雄は、当時を知る上で極めて稀少な記録を残している。日本犯罪学会に保存されている、謄写版で印刷された上下二冊の冊子、故田中一雄手記『死刑囚の記録』。そこには、田中が担当した死刑囚の様子が記されている。それによると、自身が教誨にあたった二〇〇人の死刑囚のうち半数以上が、死刑の必要なしと認める者だったという。例えば、田中はひとりひとりの死刑囚について次のような感想を加えている。

〈年早五十を越えたれば、再び世に毒害をなすの余地なきものと信ずるなり〉

〈逃走の恐ある者にはあらず、年時を尽して教誨せば、十分悔悟の念ある者と思料せらる。如斯《かくのごとき》者に付て死刑の要は少しも認めざるなり〉

〈彼等が色情に堕落したら、どんな残忍なこともなし兼ねない。恐るべし、戒むべし。然《しか》し殺す程の必要は少しもない〉

これらの記述には、いかなる理由があるにせよ、生きとし生ける者の生命を同じ人間が絶つことへの宗教者としての疑念が滲んでいる。一方で田中は死刑制度について、天皇ら皇族に危害を加えたり、加えようとした者を死刑に処す大逆罪（刑法七三条・昭和二二年に削除）が存在する限り、廃止することは不可能とも書いている。

そして手記の最後は、「兎《と》に角《かく》仏陀の大慈大悲を教へながら、黙して此の残虐極まる死刑を見るは忍ぶ能《あた》はざるなり」と報告書を結んでいる。死刑制度は廃止できないとしながらも、死刑囚を管理する側とは一線を画した宗教者としての苦悩が感じとれる。

ところが、明治に誕生した国家が力を蓄えていくにつれ、〝反逆者〟をも収監する監獄施設では、守秘義務の徹底や情報を一元的に管理する必要性が高まっていく。そんな時代の歩みとともに、教誨師は徐々に権力の側へと吸収される道を辿る。当初は宗教家による善意で行われていた教誨も徐々に組織化され、教誨師はやがて監獄組織の一員としての活動を行うようになる。

日中戦争が激しさを増す昭和一四年（一九三九）には「教誨師養成所」が開設され、教誨師たちは国家公務員に登用される。教誨活動は国策遂行のためのひとつの歯車となり、権力と一体化した。戦時下という時局と歩調をあわすようにして教誨活動の性質が変わっていったことは、マスコミを筆頭に他のあらゆる業界組織に見られた現象と同様で、とりたてて特別な現象ではない。しかし、教誨師が宗教教誨の名のもとに政治・思想犯の情報を吸い上げて上層部に報告したり、さらには「転向」を促す重要な役割を負っていた事実も多く確認されている。宗教が国体護持の重要な柱のひとつとなった、この時期の厳しい歴史に目をつぶることは難しい。

このことへの批判は、殿平善彦の「『転向』と仏教思想——刑務所教誨等と関連して」（『講座　日本近代と仏教』第六巻・国書刊行会・昭和五二年）に詳しい。殿平は近代仏教の姿について、「政治とのかかわりに関しては、無慚《むざん》という以外にない。刑務所教誨と仏教の如く、教団上層部の動向や、権力の中枢に近いところでの動きになればなるほど、その無慚さは露骨である」と嘆いている。

戦後になって、GHQによる政教分離政策の下、教誨師はようやく国家公務員の職を解かれることになった。そのまま施設での任務に留まるために、法衣を脱いで法務省の職員として雇用されることになった僧侶も多い。

占領期には多くの事件が捜査や証拠不十分のまま裁判にかけられ、その真偽を疑わざるをえないような死刑判決も少なくなかった。教誨師の中には、福岡拘置所に勤めた古川泰龍（故人）のように、一〇年間面接を重ねた二人の死刑囚の無実を確信し、その再審を求める運動に奔走した者もいた。結局、二人の内ひとりは恩赦により無期懲役となったが、古川の取り組みは、教誨師の行動はどの範囲まで許されるか議論を呼び、国会で行き過ぎた行為と糾弾されたりもした。

一方で、教誨師の存在が批判される度に持ち出される、こんな実話もある。後に冤罪であることが確定して釈放された免田栄さんは自著の中で、ある仏教の教誨師が数人の死刑囚を前に語った言葉を次のように記している。

〈自分は冤罪だからと再審を請求しようとする収容者に対しても、「これは前世の因縁です。たとえ無実の罪であっても、先祖の悪業の因縁で、無実の罪で苦しむことになっている。その因縁を甘んじて受け入れることが、仏の意図に沿うことになる」と、再審の請求を思いとどまらせるような説教をする僧侶がいる。こんな世の因果をふりかざして、再審請求をさまたげる僧侶が少なくない〉（『免田栄獄中記』社会思想社）

免田さんの再審が動き出すきっかけを作ったのもまた、キリスト教の教誨師ではあるのだが、戦後、世に出された死刑囚の手記を見ると、前述のように「前世の因縁」

と言い含めたり、「反省しなければ地獄に落ちる」といった、いわば脅しの宗教観に根差すものもあるようだ。

死刑囚への教誨に限らず、現在、全国の拘置所、刑務所、少年院には約一八〇〇人の教誨師が活動している。決して楽ではない仕事だが、教誨師の職に就きたいと名乗り出る宗教家は多いらしい。新興宗教も、ある程度の組織が出来ると必ず教誨活動への参加を申し出る。その理由について渡邉は、「教誨師」という言葉は、宗教家として身にまとう肩書としてまことに美しい響きを持っているからだと嘆いていた。

五　ひらがな

東京拘置所の四舎二階では五日に一度、昼前から順次、入浴が始まる。この日も待ちに待った風呂屋が開き、事前に組まれた面接の順番はあってないようなものになった。

午後一番に現れたのは、予定のリストにはない新顔の若者だった。見上げるような立派な体格に似合わず、刑務官に付き添われたままドアの横で小さくなってオドオドしている。まるで幼い小学生を思わせる所作だ。この青年が、竹内が言っていた若者のことかと渡邉は察した。

「どうぞ、入ってお掛け下さい。あなたは初めてのようですね」

渡邉が声をかけると、青年はちょこんと会釈しておずおずと入ってきた。

「お名前は何といいますか？」

「……木内三郎（仮名）です」

やはりそうだった。この青年のことは、近いうちに教誨を受けさせる予定であると教育課長から伝え聞いていたので、あらかじめ庶務課で「身分帳」を借り受け、目を通しておいた。

判決が確定した死刑囚には全員、「身分帳」と呼ばれる記録が作られている。そこには裁判で明らかになった事件の詳細、拘置所内での態度、家族との面会時の様子など、あらゆる情報がこと細かに記されている。身分帳は、死刑執行に立ち会う刑務官らが最後の確認作業として目を通す重要な書類でもあり、通常は教誨師といえども簡単には貸し出してもらえない。渡邉もその都度、煩雑な手続きを強いられたが、まずは相手を知らぬことには始まらない。面倒な庶務課通いは、すっかり日課になっていた。

木内の起訴状を見ると、彼は数年前に神奈川県で起きた強姦殺人事件の犯人だった。渡邉は、新聞で何度か事件の記事を読んだことを思い出した。

渡邉には平素から、死刑判決が下されそうな重大事件の記事が載る度に、いずれその犯人が自分の担当になるかもしれぬと目を配る癖がついていた。そして今、自分の目の前にいる大男は気の毒なくらい小さくなっている。こんなビクついた男が強姦殺人事件かよと、渡邉は溜息をつきたくなった。

死刑囚を見ていると、事件が悲惨であればあるほど、その犯人には気が小さい者が多いのは間違いないように渡邉には思えた。彼らは「殺す」ためよりもむしろ、「逃げる」ために人を殺める。後先のことを考えず必死に逃げようとする分、被害者の受ける傷や事件の態様は悲惨なものになってしまう。

木内の生まれは、中部地方の農村とあった。農家の子沢山の末っ子で、小さい時から父親に厳しく折檻《せっかん》されて育ったようだ。父親が絶対的な力をふるう家の中で、母や姉たちは末弟のことを隠れて慰めてやるのが精一杯。学校でも成績は悪く、何より読み書きが出来なかった。中学に入っても、ひらがなすら読めなかったとある。そんな出来の悪い息子への父の暴力は続き、殴られては逃げる生活パターンが続いた。

ただ中学校の「社会的公民的発達記録」には次のように書かれていて、お人よしではあっても特に悪事を働くような芽は感じられない。

〈社会性　常にとんちんかんで友人から馬鹿にされる〉
〈親切と奉仕　非常によく作業をやる。純心《※ママ》にして大変に親切〉
〈正直な性質　後からでもわかるようなことをすぐかくす〉

事件後も多くの人は木内について、「気弱で苛《いじ》められっ子、人と摩擦を起こすような人間ではなかった」と口を揃えた。中学を卒業してから就いた土木の仕事も人一倍、真面目にやっていたという。ただ読み書きが出来ないため、報告書などの書類を作らないといけない時には恥ずかしそうに仲間に頼み、その見返りとして現場の仕事を徹夜でやらされたりしていた。

一方で、別の関係者の供述調書によると、そんな木内の生活がかなりすさんだものになっていたこともまた、間違いないようだった。

職場の先輩の勧めで酒を飲むようになり、酔っ払うと日頃の鬱憤《うっぷん》を晴らすかのような乱暴者に豹変《ひょうへん》した。仕事仲間と訪れた飲み屋ではグラスをバリバリ齧《かじ》って食べてしまうほど悪酔いし、ラウンジの隣の空き部屋で店の女を襲ったりもした。しかし女たちはいつも、最後は騒ぐのをやめて体を許してくれ、トラブルにならずに済んだ。そのぶん彼女らは、黙って木内の飲み代からふんだくっていた。

読み書きが出来ないハンデから常に他人の言いなりだった木内は初めて、女が自分の自由に動いてくれる快感を味わった。もちろん女からすれば金を媒介にして成り立つ交渉ごとだ。しかし女性と付き合ったことのない木内は単純にも、女とは最初は嫌がる素振りを見せても最後はやらせてくれるものだと思い込んでしまう。

そのうち高い飲み代を払うのが面倒になり、通りすがりの女性を襲って強姦するようになる。この短絡ぶりが、木内に何らかの欠如があることを感じさせるなと渡邉は思った。二人目の被害者までは、女性が恐怖のあまり静かに従ったため騒ぎにならずに済んでいた。ところが三件目は様子が違った。木内は帰宅途中の女性を「送ってあげる」と車に誘い、山中で犯そうとしたところ予想外に騒がれたため、びっくりして慌てて絞め殺すという結末に至っていた。

事件を境に、気弱な男は一転、許されざる凶悪な強姦殺人犯となった。しかし、警察の捜査の手はなかなか届かなかった。地元紙には連日のように、「○○さん事件の謎」といった見出しで続報が報じられた。ことの重大さに恐れ慄《おのの》いた木内は「死んでお詫びするしかない」と、仕事をいつも世話してくれた親方の墓の前で農薬を飲んで自殺を図る。そして気を失って倒れているところを発見され、事情を聞かれるうちに自供して逮捕となる。しかし木内が倒れていたその墓は、親方のものではなく赤の他人の墓だったというから、彼はやはり字が読めなかったのだ。

渡邉との面接でも、木内は自分のことを語ろうとしなかった。こちらが問いかけると相槌は打つのだが、その表情はどこか硬く心を開こうとしない。渡邉は仕方なく、最近の裁判の様子から説明させることにした。苦労の末にようやく木内が語った言葉が「教誨日誌」に書かれている。

「あなたの裁判は今、どのような具合なのですか?」

「この六月にも高等裁判所の判決が下りますが……私はもう上告はしたくありません」

「それはまたどうして?」

「早く確定して楽になりたいのです。法廷に立たされるのが苦痛です。遺族の人たちが沢山きていて、私を睨むのです。死刑の判決が確定したら、拘置所から文鳥をもらえると聞きました。鳥を飼って静かに暮らしたい。もう裁判はいやです」

俯《うつむ》いたまま今にも泣き出しそうな大男に、渡邉はなるべく噛んで含めるように言った。

「忘れたいという気持ちはよく分かるよ。思い出すのは辛いからね。だけど裁判は最後までしっかりやった方がいい。こんな元気な体があるのだから、少しでも長く生きないと。人間として生まれてきたことの意味をしっかり見出す努力をやっていきませんか」

木内は、ようやく視線をこちらに向けた。

四舎二階の住人の中でも、その罪状に「強姦」という二文字がつく者はことさら軽蔑の対象となる。強盗ならまだ格好はつくというが、強姦となると集中的に苛められるのだ。若くて身体だけは人一倍立派なのに妙に気弱な木内は、何かにつけ馬鹿にされていた。そんな木内をかばってやっていたのが、脱獄囚の山本や三鷹事件の竹内という面々だったことを後に本人から聞いた。

そんなわけで木内は、教誨師からもたっぷりお叱りの言葉を受けるだろうとビクビクしてやって来たのだが、まさか励ましを受けるとは夢にも思っていなかったようだ。ぽかりと口を開けたままの木内を前に、渡邉は続けた。

「あなたの記録を読むと、小さい頃から読み書きが出来ないで苦労してきたようだなあ。わっしにはどうも、そのことが事件に無関係ではないように思えるんですが、どうだろう。残された時間を使って、字を学んでみないかな？」

木内は大きな体を揺らすようにして、子どものように嬉しそうに頷《うなず》いた。

この頃、渡邉は副住職を務める三田の寺で毎週末、阿弥陀様の教えを学ぶ「子ども会」を開いていた。早速、木内との面接の後、近所の子どもたちに頼んだ。

「刑務所でね、文字を習いたいというお兄さんがいるんだよ。みんな使わなくなったノートを持ってきてもらえないかな」

一週間もしない間に、余白がまだたっぷり残った使いかけのノートが山と寄せられた。

二月一日

ひら仮名の「あいうえお」より練習を始める。次回は小学一年のノートを持参することを約束する。

二月一五日

小学校の国語のノートを入れて、目の前で五十音を記入して差し入れる。本人も本気で字の稽古をするつもりである。字の稽古をして、手紙を出すことを勧める。事件のことを聞き、逃げずに思い出をなさしめ、罪の意識に反省を求めた。裁判所に被害者の家族がたくさん常に出てきているので恐いと言っていた。社会時代の乱行を反省していた。克己心の不足を嘆く。

「教誨日誌」にもあるように渡邉は文字を教えながら、本人の調子のよさそうな時をみはからって、犯行に到るまでの自分の気持ちについて語るよう促した。語りたがらないことの背景には、何らか悔いる気持ちがあるのではないか。その悔悟の念をあえて言葉にさせることで、残された時間にすべきことを木内自身に考えさせようと思ったからだ。しかし事件のことになると木内は、じっと涙を浮かべ黙り込んでしまう。

その苦しげな表情を見ていると、渡邉の心にもふと砂を噛むような遠い日の記憶が蘇った。自分もあの日、人を殺した。木内のように殺人罪に問われることはないけれど、やはり殺した、いや違う、自分は殺してはいない、といつもの堂々巡りが始まってしまう。それを今さら他人に語れるかと言われれば、口は固く閉じてしまう。実際、これまでそのことを打ち明けることが出来たのはたったひとり、師匠の篠田龍雄だけだ。自分自身に問うことは、他人に問うことよりもなお難しい。そんな複雑な感情に呻吟し、木内に対する渡邉の詰問もいつしか鈍ってしまうのだった。

文字の練習を始めて一ヵ月くらいして、木内が初めて渡邉の寺に宛てて手紙を送って来た。そこには、覚えたてのひらがなが丁寧に綴られていた。ところが何度読み返しても、木内が何を伝えたいのか、意味がまったく読み取れない。ただ文字が並んでいるだけなのだ。他の者にも読ませてみたが、「これは何の暗号か」と首をかしげるばかりである。

文字を教えるだけでは駄目なのだ、と渡邉は気がついた。文字と同時に文章、つまり国語を教えなくてはならないのだと。人は頭の中でものを考え、それを言葉にして表現する作業を当たり前のようにやっている。しかしそれは親や教師や周囲の人たちと対話したり、表現を学んだりする日々の関わりの中で徐々に育まれていくものでもある。木内にはこれまで、そんな普通の関係すらなかったのかもしれない。

渡邉は再度、寺の近所の子どもたちに頼んで絵本や国語の教科書を集め、木内に差し入れることにした。木内は、一年生の教科書の「さくらさく」を指でたどりながら学び始めた。

三月八日

実家の父と兄への伝言について語りあう。ひら仮名を一生懸命に稽古している。字を書くのが楽しみなようす。大分読めるようになってきた。

三月三一日

「聖典と如来様を差し入れてくれ」と申し出た。正信偈をともにあげる。隣房の人が邪教を信じる者は〝ブタ〟なんだというけど、気にかけず一生懸命やりますと言う。次回は辞典を差し入れる約束をする。

七月二五日

ご本尊を差し入れる。自分がこのようになってしまったことの原因をいろいろと他に求める様子であるが、因と果はリングのように回るもので、もっとよく考えるように言う。他人の言葉は気にせず、被害者の死を無駄にせぬように言う。

八月一七日

自分は自分がしていることや言葉に自信がないが、如何《いか》にすればよいかと尋ねる。しっかり文字の練習をする以外になしと答える。自分は頭が悪いので、自分に伝えることを手紙にして送ってくれという。

実は当初、渡邉は、木内の文字練習が上達することにはさほど期待していなかった。沈みがちな木内に何か目標が出来るだけでも十分だと思っていた。ところが、マンツーマンのレッスンの成果はみるみる現れた。半年もすると木内はひらがなをほぼマスターし、カタカナの練習を始めた。そのうち、自分の思いが伝わる手紙も書けるようになった。何より本人がやる気になって、文字が書けるようになったことを嬉しそうに報告する姿がいじらしかった。打てば響くような木内に、渡邉は、自分が教誨師として彼に向き合っていることの成果を確かな形で実感できた。

この頃、渡邉はいつも思っていた。病人には医者がいる。医者が病状を診断し治療してくれる。犯罪者にあるのは法律だ。しかし法律は裁くだけで後々の面倒は見てくれない。死刑というのは、その法律が犯罪者を「もはや用なし」と切り捨てるのに等しい。彼らのことを顧みようとする者など誰もいない。だからこそ最後の頼みは、自分たち教誨師なのだ、と。

渡邉はどんな死刑囚に対しても、事前に「身分帳」を隅々まで読み込んでは体当たりで臨んだ。彼らの残された時間を充実したものにする、そして親鸞聖人の教えを伝え、少しでも彼らの人生に救いを与えてやるのだという気概に満ち溢れていた。後に、この「救い」という言葉がどれほどの重みをもって彼自身の人生に跳ね返ってくるかなど、考えもしなかった。

そんな若い僧侶の意気込みは、二年後、初めての死刑執行の現場に立ち会う日まで、ずっと変わることはなかった。

第三章　生と死の狭間

一　門前の小僧

広島県中央部にある広島空港から山陽自動車道で西に一五分、西条インターで降りると、対面二車線の狭い国道三七五号線が中国山地に向かってくねくねと北上していく。高屋町、福富町、豊栄町（いずれも現・東広島市）を順々に通り抜けながら、車窓には田園、旧町役場、その周りに広がる集落といった似たような風景が繰り返される。

四〇分ほど走ると木々の緑は一層濃く、道路ですれ違うのは農作業の軽トラックとお年寄りばかりになる。この町は近年の市町村合併で「三次市三和町《みよししみわちょう》」と呼ばれるようになったが、地元の人の間では長年慣れ親しんだ「双三郡《ふたみぐん》三和町」の呼び名のほうが今もしっくりくるという。

そんな三和町の上壱《かみいち》と呼ばれる集落（旧上山村《かみやまむら》）に、渡邉普相の生家がある。田んぼの向こうにドッシリと構えるその寺は、この地方独特の深いエンジ色の赤瓦を頂き、周囲を立派な石垣に囲われた荘厳な構えで家々を見おろしている。

寺の名前は、浄土真宗・光永寺。渡邉は昭和六年（一九三一）一月一一日、この寺の次男坊として生まれた。

光永寺の住職は代々、「毛利」姓を名乗っている。

寺のルーツをたどると武将に行き着くのは偶然だろうか。光永寺の発祥は戦国時代にさかのぼり、中国地方随一の知将として知られた毛利元就《もとなり》の二代前の主が出家して興したと伝えられている。毛利一族が拠点とした吉田郡山《よしだこおりやま》城は三和町のふたつ隣の町にあり、この辺りには他にも住職が毛利姓を名乗る寺が幾つかある。この章では渡邉（旧姓・毛利）のことは普相と呼ぶことにする。

光永寺の境内でひときわ目を引くのは、巨大なカヤの木だ。天に向かって聳え立つ大カヤは根回り約六メートル、高さ二三メートル、樹齢は軽く三五〇年を超えていて、カヤの木としては県内二番目の大きさを誇る。寺のシンボルともいえる巨木は、普相の記憶にもたびたび登場する。

一歳年上の兄と妹の、三人兄弟。兄と妹は優等生だったが、真ん中の普相は村でも指折りの「悪がき」で名を馳せていた。

普相の右手にはいつも割木《わらぎ》が握られていた。都会でいう割木はかまどにくべるような小さなものを指すが、田舎では一メートルほどの大きな棒のことをいう。小坊主の割木が暴走する時は必ず決まっていた。長男である兄と比べられた時だ。

――あの時代、長男はとても大切にされて、次男坊以下は消耗品、スペアです、スペア。兄貴は「大坊さん」、わっしは「小坊さん」と呼ばれて、「大坊さんは後継ぎじゃから、小坊さんは我慢しんさい」というのが決まり文句。食べるもんから着るもんから何から、生まれた時から全部ちがう。悔しゅうて悔しゅうて、差別するもんには片っ端から殴りかかって、それでまた怒られて。悪さする度におふくろから「この監獄行き！」ゆうて怒られて。まあ、大人になってから本当に（※教誨師として）監獄行きになったけどね。

村の子どもたちの遊び場にもなっていた大カヤのそばには巨大なクマンバチの巣があって、大人も怖がって近寄らなかった。普相は、自分を刺しにやってくる蜂にまで腹をたてた。なぜ自分だけ襲いにきて兄貴のことは狙わないのか。蜂の巣のそばを通りかかる度に「いつか必ず仇を討ってやる」と睨みをきかせていた。

ある日、小学校から帰ってきた普相は、寺の台所に好物の酒粕《さけかす》を見つけた。夕飯の準備に追われる母に隠れて平らげて、すっかり酔っ払った。気が大きくなった真っ赤な顔の小坊主は、いつもの割木片手に、念願の「蜂退治」に繰り出した。無謀にも「エイヤー――!」というかけ声とともに大きな蜂の巣を叩き落としたのである。

一瞬の静寂があったことまでは記憶している。それからグワーンという轟音と共にクマンバチの大群に総攻撃をくらったのはいうまでもない。肌という肌を刺されまくり、その場で気を失い、三日三晩、人事不省に陥った。母は医者から、「このまま目が覚めなければ命が危ない」とまで脅された。三日目の晩、普相は、やっと正気を取り戻した。母は、蜂の毒で両目がつぶれるほど真っ赤に膨れあがったわが子の顔をまじまじと見つめ、つぶやいた。

「あんたはやっぱり監獄行きじゃ……」

中国山地の村々には険しい急傾斜地が広がっている。農耕に適した土地の少ない農村で、次男坊以下の厳しい境遇を伝える話のひとつが、移民の多さだ。広島県は移民県とも呼ばれ、戦前から国内一、二を争う数の県民を外地に送り出してきた。沖縄、ハワイ、アメリカ本土、ブラジルへと、農村の次男三男たちが次々と渡って行った。ハワイに移住した一世たちの共通語が広島弁というのも有名な話だ。

ただ同じ次男坊とはいえ、普相が貧しい農家の子ではなく、大きな寺の子息であったことは忘れてはならない。光永寺には、日常のこまごまとした寺務を手伝う〝役僧さん〟（法務員）もいたし、台所にはいつも十分な食糧が用意されていて腹をすかせたこともなかった。

お盆の時期になると広島県内の墓地には、赤や黄色など色とりどりの紙で飾り付けられた七夕飾りのような独特の盆灯籠が、華やかさを競うように飾られる。この一種独特な死者のまつり方は、広島県西部（安芸地域）の浄土真宗門徒の慣習である。「安芸門徒《あきもんと》」という呼び名があるほどに、広島はとりわけ浄土真宗が盛んな地域だ。

農繁期を除き、光永寺でも月に五日は説教が開かれていて、本堂は村人でいっぱいになった。住職だった父はいつも長男と次男に法衣を着せて同席させた。父の読経や法話が退屈で、痺《しび》れた足で逃げ出すことばかりを考えていた普相は、父のすぐ横に座らされて動きを封じられたものだった。門前の小僧とはよく言ったもので特別に経典の勉強などしたこともなかったが、小学校にあがる頃にはどんな経もだいたい空で唱えられるまでになっていた。

浄土真宗では、「聞《もん》」という言葉を大切にする。人が育っていくために最も大切なのは、修行の「行」でもなければ智恵の「智」でもない、「聞」。つまり人の話をよく聞くことであるという。普相は自分の僧侶としてのルーツもまた「聞」にあると振り返る。

普相がいつも思い出すのが、寺にやってきていた〝田舎のばあさんたち〟の姿だ。みな六〇を越えていて厳しい農作業で腰が曲がり、髪は真っ白。小学校も通っておらず字も読めない。しかし、お米をお鉢に入れてお参りにやってくると、子ども心に感心するほどとても上手にお経を読んだ。耳で覚えているのである。村で誰かが亡くなったり、何かしら問題が起きた時に、人生についてピシャリと厳しいことを言ってのけるのも、ばあさんたちだった。人間の〝生き死に〟ということについて、ばあさんたちは住職である父顔負けの筋の通った話をしていた。

文字を書けないばあさんたちだけでなく、〝百姓のおっさん〟たちからもまた多くを教わった。

浄土真宗には「おとりこし」という行事がある。翌年一月の親鸞聖人のご命日「報恩講」に向けて、前年の秋頃から全国各地の寺や別院で行われる、前祝いのような行事のことである。上山村でも秋の収穫を終え、燃えるような紅葉が山々を彩る頃、みなで今年の収穫を祝いながら「おとりこし」が行われた。

寺の境内には、牛に曳かれた大きな荷車が次々とやって来て、みるみるうちに薪の山、野菜の山、米俵の山が並んだ。それを毛利家と、その年の担当の村人が総出で煮炊きをして、お参りにやってくる人たちの「おとき」（仏事に頂く食事）を作る。丸二日間、ほとんど一睡もしないまま全身全霊のもてなしが続く。

そんな一大イベントがようやく済んだ夜、男衆が寺の庫裏《くり》に集まった。囲炉裏を囲んで火をおこし、酒を酌みかわすのだ。その時の風景を普相は今も忘れられない。

――わっし、まだこんなグリグリ坊主でね、庫裏へ行きますと百姓のおっさんがね、「まあ来んさい、小坊さん、ここへ来んさい」って膝の上に抱っこしてくれる。百姓ですから土の臭い、それからキセル、煙草をジュウジュウやるヤニの臭い、それと酒の臭い。その三つが混じった臭いがするんです、おっさんの膝の中で。百姓ですから手はガサガサ。

引っ掛かってガリガリするような手でわっしの頭を撫でながら言うた言葉がね、

今でも忘れません。「小坊さんよ、えらい人にならあでもよがありまっせ。お念仏の教えを伝える人になってつかあさいよ」。そう言いながらガリガリ頭を撫でてくれるんです。「偉い人にならなくていい、仏様の教えが伝えられる人になれよ」と。その時の頭の感触がわっしし、今も頭に残っているんです。あの村でね、育ててもらったんですよね。

普相は故郷の遠い日の思い出に、今ではすっかり禿《は》げてツルツルになった頭を何度もグリグリ撫でながら両の眉をひどく下げて笑った。だが、その後の父の話になると、彼の瞳は再び真剣さを取り戻した。

普相が幼いながらも人間の生死について思いを巡らせるようになったのは、彼が小学五年になった昭和一六年（一九四一）九月、つまり太平洋戦争が始まる三ヵ月前に、父が四三歳で急逝した時からだ。

父は若い頃から肺を患っていた。肺に穴があいて空気が漏れ、その空気が肋膜の間にたまり、また肺を締め付けるという呼吸器の病気と聞かされていて、当時は不治の病と言われていた。身体は徐々に弱ってゆき、食欲も失せ、寝たきりになる時間が増えていく。そんな日々が数年続いた末、亡くなる前の晩は夜通しゼイゼイと息を荒らげ、のたうちまわった。息苦しさに耐えかねて「このまま殺してくれ」と何度も叫んだ。村人の葬儀の時に父がいつも唱えていた「南無阿弥陀仏」という大切な言葉も、臨終の間際まで父の口からは一度も聞かれなかった。

心から尊敬していた父の、思いもしない姿――。普相は悲壮《ひそう》な最期に立ち会って思った。仏教の宗派の中には、人が亡くなる時、「南無阿弥陀仏」を唱えなければお浄土に行けないという厳しい教えが沢山あるという。しかし親鸞聖人は、苦しい時には無理に念仏を唱えなくてもいい、「南無阿弥陀仏」を唱えることの出来ない姿もまた人間の姿だと説かれたという。父は立派に生きて、そして最後は人間として苦しみもがく姿を精一杯、自分に見せながら逝った。人間は「死に方」が大切なのではない、「生き方」が大切なのだと教えてくれたにちがいない、と。

皮肉にも父の死後、次男坊として生まれたことを恨みに恨んだ普相の生活は一変する。

在家出身の母はまだ得度していなかった。兄は、遠く離れた広島市の中学校に進学して留守だった。村に、他に僧侶はいない。葬式の時は、寺の役僧さんが小学校にまで普相を呼びに来た。授業を抜け出して法衣に着替え、経をあげに行った。分厚くて立派な座布団にちょこんと座る小坊主を、村人は温かく見守ってくれた。いつの間にか割木は持たなくなっていた。

二　広島

昭和一八年（一九四三）の春、太平洋戦争の只中に小学校を卒業した普相は、兄の後を追って広島市へ出る。それは二年半後に訪れる、原爆投下という運命の日へと向かう旅程でもあった。

上山村近くの甲立《こうたち》駅から芸備線に乗り、C11という小型の蒸気機関車で揺られること二時間。かつて大本営や陸軍第五師団司令部が置かれた軍都の玄関、広島駅は活気に満ち溢れていた。南方への出発口である宇品《うじな》港へと向かう兵隊たちが軍靴を響かせて闊歩《かっぽ》し、駅前の市場は商人たちでごった返していた。大通りには満員の路面電車が縦横無尽に走り、緑しかない上山村とはまるで別世界。普相はそんな広島駅から徒歩五分ほどのところにある民家に下宿した。

入学したのは、前年に出来たばかりの広島市立中学校（現・広島市立基町《もとまち》高等学校）である。戦況も厳しさを増していく最中、田舎からわざわざやってくる新入生はほとんどおらず、田舎者は言葉が違うとよく笑われた。方言を隠そうと口数は自然と少なくなった。

授業はほとんど行われなかった。代わりに「勤労奉仕、勤労動員」が始まった。市内の生徒たちは、出征して男手のなくなった農家の手伝いにやられたり、空き地に畑を作って芋《いも》を植えたり、空襲による延焼を避けるために建物を壊す「建物疎開」に駆り出された。朝から晩まで労働一色。都会の食糧事情は日に日に悪くなり、腹はいつもすいていた。

二年の秋、普相のクラスから二〇人ほどが選ばれ、広島市郊外にある陸軍「需品《じゅひん》廠《しょう》」に通うことになった。「需品廠」には兵士が戦地で使う品々を扱う工場があり、人手不足を補うため近隣の学校から生徒たちが集められた（軍の衣服は被服廠、食糧は糧秣《りょうまつ》廠、兵器は兵器廠が担当した）。残りの生徒は連日、広島市の中心部で建物疎開の作業を続け、翌年八月六日にほぼ全員が命を落とすのだから、ここが最初の運命の分かれ道だったことになる。

毎朝、八時前に広島駅前に集合。国鉄呉《くれ》線に乗り需品廠のある矢野駅へ通った。工場での仕事は、戦地の兵士達に配給する生活物資を箱に詰めたり、個別の袋に仕分けたり包装する単純作業の繰り返し。生徒たちはそんな中にも楽しみを見つける。

――コンドームが沢山ありましたで。淋病対策なんでしょうが、名前は「突撃一番」。それを（※生徒が）みんなで蹴躓《けつまず》いたふりして落としてポケットいっぱいに詰め込んで、あれ生ゴムだからよく膨らむんです、プーーッて膨らまして糸で繋いで遊んだもんですよ。

タバコは「誉《ほまれ》」という名前だったな。それもポケットに入れて隠れてプカプカプカプカ。もう腹がへってますから、それこそ煙草の煙でも口の中に入れないとやってられないというわけで、うまいというような感じはなくて、とにかく腹がへってよう吸いました。


需品廠には、朝鮮半島からも自分たちと同じくらいの年頃の若者が大勢、連れてこられていた。当時は同じ日本人という建て前で、みな日本語も上手だった。今考えれば、植民地からの強制連行だったのだろうと渡邉は言う。昼飯の時に隣に座って会話したこともあったが、彼らは自分たちが仕事を終えて帰った後も夜遅くまで働かされていた。

また中国東北部、当時の満州国からも青年が大勢、連れてこられていた。当時盛んに叫ばれていた〝五族協和〟のかけ声は名ばかり、彼らこそ格段にひどく扱われていた。仕事もきつく食べる場所も中身も違う。南京虫を持っていて汚らしく、日本人とは口をきくことも許されていなかった。普相は、自分も飢えていて日々の生活に精一杯で、彼らの境遇について何の疑問に思うこともなかったが、彼らは終戦後どうなったのだろうかと伏し目がちに振り返っていた。

昭和二〇年も五月になると国内の物資も底を突き、需品廠の工場での仕事も減ってきた。そこで普相ら生徒は、今度は県西部の宮島線沿線にある材木集積場に駆り出されることになった。

これまでと同じように午前八時前に広島駅前に集合し、今度は陸軍のトラックの荷台に乗せられて西へ小一時間ほどにある草津港へと連れて行かれた。一日中、港に荷揚げされた材木や麻袋を倉庫まで運ぶ仕事だ。三ヵ月間ずっと重い材木を右肩に担いだせいで、普相の右肩は今も、左肩に比べると不釣合いに下がったままである。

そんな港にも時々、ご褒美が届いた。戦地に送るための干し芋が入った麻袋だ。こっそりナイフで袋を破り、中の芋を幾つも失敬した。教官にばれないよう材木置き場の倉庫の屋根に梯子《はしご》をかけて上り、青空の下、ひとり芋を齧っては空腹を紛らわせた。

原爆投下まで一〇日あまりに迫った七月下旬、屋根の上の特等席から普相は思わぬ風景を目撃している。港から左手に見える呉への大空襲だ。記録によると七月二四日と二八日の二度にわたって呉港への空襲が行われている。ほんのわずか数時間に艦隊は全滅、沈没を避けるために浅瀬に置かれていた軍艦は、船の先端を天に突き上げるようにして惨《みじ》めな姿を晒した。

「ああ、いよいよ自分たちも死ぬ時が近づいているのだな」

こっぱ微塵にされる軍艦を見ながら、普相は思った。恐れや悲しみといった特別な感情ではない。それは「一億玉砕」だから死ななくてはならないのだという義務感に似ていた。


原爆が投下される前の日のことは、とても鮮明だ。その日は日曜日だったが、草津港での仕事が休みになり、久しぶりに中学校で授業が行われることになったからだ。喜び勇んで登校したが、授業の中身はやはり期待とは異なるものだった。

一時間目、銃剣を持たされた。運動場に突っ立てられた藁《わら》人形めがけ、「イヤーッ！」と叫びながら突き刺す練習。

二時間目、手榴弾投擲《とうてき》。陸軍が使っている鋳物の手榴弾で、中が空っぽの練習用がある。それを這いながら敵に見たてた人形に投げつけた。立ち上がったら敵に撃たれる、だから這いながら投げろと言われ、体中、土まみれになった。

三時間目と四時間目は、軍事教練。入学した頃に学校に来ていた軍事教官は「配属将校」と呼ばれ、定年前の年老いた将校で優しかった。だが昭和二〇年にもなると、一九から二〇歳くらいの若い中尉や少尉が派遣されてきて、学生を前に威張り散らし、殴られたり蹴られたり徹底的にいびられた。この日も若き軍事教官は声を張り上げた。

「そのうちアメリカの兵隊が上がってくる！　お前たちにゲリラ作戦を教える！」

ゲリラ作戦とは、小型のナイフでアメリカ兵の心臓を突き刺す練習だ。ただ刺すだけでは駄目で、刺し込んだ後、とどめを刺すためキュッと抉《えぐ》らなくてはならない。それを二時間、手首がしびれるほど延々と続けた。その間、教官は呪文のように叫び続ける。

「お前たちは一人殺して死ね！　一人一殺！　一人一殺！」

普相も「一人一殺！」と声をからして叫んだ。自分だけが生き残れるような雰囲気はなかった。「死」という言葉は、名誉の輝きを放ちながらどんどん近づいていた。

夏の午後、広島の町はよく、夕凪《ゆうなぎ》に包まれる。

瀬戸内海から吹きつける風がぴたりと止まり、町を漂う空気が微動だにしなくなる。その日も、昼から風がすっかり凪いで一段と蒸し暑くなった。授業は四時間で終わり、普相は腹をすかせたまま歩いて下宿に帰った。道中、あまりの息苦しさにシャツを脱ぎ捨て、稲荷《いなり》大橋という電車の鉄橋から川に飛び込んで泳いだ。デルタの町を流れる川の流域一帯は花崗岩《かこうがん》のため水質が良く、素手で魚がとれるほど透き通っていた。川面は太陽の日差しを受けてキラキラ輝いていて、岸辺では幼い子どもたちと若い母親が貝をとって遊んでいた。どこまでも穏やかな川面が、何百何千という屍《しかばね》の血と脂で覆われるのは、わずか半日後のことである。

三　八月六日

この日のことに出会わなければ自分は教誨師にも、もしかすると僧侶にもなっていなかったかもしれないと普相がつぶやいたことがある。

昭和二〇年八月六日――。

広島には朝から真夏らしい、厳しい日差しが降り注いでいた。その瞬間まで、ミンミン蟬が短い命を惜しむかのように声を張り上げていた。

明け方は、珍しく空襲警報と警戒警報がたて続けに発令される騒ぎがあり、普相はほとんど眠れずじまいだった。この時期、他の地方都市が次々と空襲を受ける中で、なぜか広島市内だけは無傷だった。もし空襲されたら死ぬだけと布団をかぶり、額に脂汗を滲ませながらジッとしていた。腹は常にすいていて、避難などしていたら昼の労働で体がもつはずもなかった。

午前八時前、町はようやく落ち着きを取り戻し、新しい一日が始まろうとしていた。普相もいつも通り広島駅の前で、二〇人ほどの同級生と迎えの陸軍のトラックを待っていた。みなで旅館の石垣に腰掛けて、他愛もない話をして時間を潰していた。

広島駅から草津港へのルートは、広島の町の中心部を横切る形になる。もしこの日、トラックが予定通り午前八時に駅前を出発していたら、一五分後には原爆が投下された真下あたりを走っていたことになる。地表の温度が四〇〇〇度に達し、鉄や瓦をも溶かした爆心地で、屋根もないトラックの荷台の上の学生たちは一瞬にして消え去っていただろう。しかしこの日に限って、いつもは計ったように正確にやってくるトラックの到着が遅れていた。

「珍しいこともあるもんじゃのう」

「ちょっとでもゆっくり行った方が仕事せんでええぞ」

「ほんまじゃ、ほんまじゃ、ここに座っとる方が楽でええ」

学生たちがいっせいに笑い声をあげた。旅館の隣には「大石力餅」という小さな餅屋があって、店の主人がチラとこちらを見た。が、またすぐ軒先を出たり入ったり忙しそうに開店の準備に戻った。

それから一分もあっただろうか、見慣れたトラックがようやくこちらに向かって駅前の通りに入ってくるのが見えた、その瞬間だった。


——真っ青な空でね、東の空の方で、キ———ンッ！　って、ものすごい飛行機の旋回する音が聞こえたんです。B29が旋回するんです、真っ白い飛行機雲を引きながら。真っ青な空ですから飛行機雲がきれいでね。それを見た瞬間ですよ、ババババッババババッバッバ———ンッてね、光の雨！　よく「ピカドン」って言いますけどね、ピカだけじゃない、光の雨が降ってきた。アスファルトへ光が当たって跳ね返る、ちょうど夕立が道路に跳ね返るのと同じように、光の雨が降ってきて。

そん時は顔にヤケドの痛みなんか全然、感じない、もう瞬間で。核分裂の時間っていうのは一〇秒くらいあるらしいですな。

（光っていうのは真っ白ですか？）

光はね、光の色。赤いような、パアー――ッ！　という感じ。目玉と耳を押さえて伏せて。爆弾が落ちるそばにいたら、目玉が飛び出して耳は鼓膜が破れると訓練されてましたから。そしたら爆風が来まして四、五メートルは吹き飛ばされましたよ。それが横からじゃない、上からくる爆風に吹き飛ばされた感じで。音はもう大きすぎて、音が音に聞こえない。耳を押さえていたせいじゃない、音は聞こえるんだけど、大きすぎて音に聞こえないっていう感じなんですわ。それで背中にあった旅館がドドドッドドドッドドドッと後ろから崩れてくるでしょうが、そうすると次は瓦がドドドッて身体に落ちてきましてね。

（旅館が倒れたのですか？）

そう、一瞬で旅館が崩れて、その下にいたんです。最後にデアー――ンッ！と腰の辺にものすごい重いやつが落ちてきましてね、「ああ、これで駄目だー」と思った途端、崩れるのが止まったんです。最後に一番大きい鬼瓦が落ちてきたんだと思うんですわ。

（辺りの様子は）

真っ暗。

（さっきまで光の雨で、今度は真っ暗ですか？）

真っ暗。旅館の下敷きになっておったんですがね、その頃、家に押しつぶされたら（※火事が発生して）焼け死ぬっていうことが言われていましたから、これは早く逃げ出さないといけないぞと思って、体を動かしたら動くんですよ。それで力を入れたら立ち上がれた。立ち上がってグルッと見回したら何もない、駅前のにぎやかな繁華街が、さっきまで何十軒もの家があったのがペシャッとなって、埃《ほこり》ですよ、埃。埃で真っ暗けになって、口の中は砂だらけ、ジャリジャリで。友達もみな血だらけになってる、建物の下からも誰かの声が聞こえる。でも「早く逃げなきゃならん」と思って。その頃、アメリカは二〇分、三〇分ごとに波状攻撃をやってましたから。まず攻撃して、また次の編隊がやってきて攻撃をすると。だから早く逃げないといけないと思って、それで足を引きずりながら東の方へ向けて逃げたんですわ。

辺りの建物はすべて、上から押し潰されたように跡形もなくガレキの山となっていた。まるで日没後のような薄暗さで、無気味なほど静まり返っている。その光景は、それまで聞かされていた空襲の様子とは全く違った。普相は、西ではなく東の方向に向かって逃げた。なんとなく明るい方へ足を向けただけだったが、爆心に近い西側はすでに殺人的な放射線に覆われ、間もなく火の海になろうとしていた。数時間後には、空中の放射線をたっぷり含んだ「黒い雨」も降った。

普相は足元こそ靴が爆風で吹き飛ばされて裸足だったが、幾つもの幸運に恵まれた。上着は、半袖ではなく長袖。服の色も光を吸収しやすい濃い色ではなく、何度も洗いざらしたカーキ色。地肌が剝《む》き出しの坊主頭には、たまたま帽子も被っていた。座っていた場所も旅館を背に、つまり爆心を背に座っていた。B29が旋回する音に少しだけふり返ったため、眼鏡はふり返った角度の分だけフレームが溶け、顔の右半分と右手はひどいヤケドを負った。しかし、爆心から一・九キロメートルの地点にいたにもかかわらず旅館の影に助けられ、原爆の熱線によるヤケドは最小限に抑えられた。もちろん、それでも重傷の部類に入るのは間違いないのだが。

片や、同級生の半分以上は普相の向かい側、つまり爆心に向かって座っていて、原爆の熱線を真正面から浴びた。眼鏡のガラスがグニャグニャに溶けた者、全身ヤケドで死んだ者、倒壊した旅館の下敷きになって焼け死んだ者、何とか逃げ出したが数日後に亡くなった者も大勢いた。生死を分けたのは、ほんの僅かな差だった。しかしその時の普相に、瀕死の同級生に気を配る余裕などなかった。普相は痛む足を引きずりながら一目散に逃げ出した。

広島駅から的場町を通り、大正橋を左に曲がって歩いていくと大きな通りに出た。すると氷屋があった。咽喉《のど》は血の味とガラスの破片が混じり合い、カラカラに渇いていた。店に駆け込んで「水を飲ましてくれ――っ」と叫んだ。また少し歩いて次の店に駆け込んでは、水を求める人々を押し分けるようにして水を飲んだ。もう自分のことで精一杯、恥も外聞もなかった。

時間が経つにつれ、道中は地獄絵図となっていく。気がつけば、同じように逃げてきた人たちがゾロゾロ列をなして歩いている。まるでボロを着ているように、熱線で溶けた腕の皮をブラブラと指先からぶら下げている人、ぶら下げる肌もなく赤身が剝き出しの人、首が折れてグッタリと頭を垂れる赤ちゃんを抱えた母親。力尽きて道路に座り込んでいる人たちは、歩いている普相を見ては「水をくれ、水をくれ」と手を伸ばしてきた。普相は耳をふさぐようにして、伸びてくる手を払いながら一目散に歩いた。ここでボヤボヤしていては次の波状攻撃にやられてしまう。

「死にたくない、死にたくない」

そう一心に念じていた。

何時間かかったか、ようやく広島駅から約七キロメートルの海田市《かいたいち》までたどり着くと、見慣れた需品廠のトラックが走っているのが見えた。

「乗せてくれ――！」

力をふり絞って叫ぶと、顔見知りの運転手が気づいて車を止めてくれた。真っ赤に膨れあがって鬼の形相の普相の顔に、ひどく驚いた。

「お前、顔にひどいヤケドをしとるぞ！　すぐ広島の病院に連れて行ってやる」

「広島はやられとります、病院も駄目じゃ思います」

「じゃあ、そこの海田市の赤十字病院に行こう」

ところが、そこもすでに広島市内から運ばれた負傷者で満杯だった。仕方がないと需品廠に戻り、急ごしらえの救護所に寝かされた。右半身のひどいヤケドと高熱にうかされ、瓦の直撃を受けた腰も痛んで寝返りも打てない。あれほど腹がすいていたのに食べ物は咽喉を通らない。しかし、軍の施設である需品廠には人手や薬品が豊富にあり、結果として当時としては最高の応急処置を受けることが出来た。

そこまで語ると、普相は手元に用意していた一枚の古びた布切れを取り出した。被爆した時に着ていたシャツ。前身ごろには一度、切り裂いてから縫い直した痕《あと》がある。ヤケドで動けないため前を切り裂いてシャツを脱がして治療したのかもしれないが、記憶にはないという。薄い紫色のシミは、ヤケドの治療に使った薬品の痕らしい。硼酸軟膏《ほうさんなんこう》という白い薬をぬり、その上にタンニン酸という紫色の液を薄めた薬品をガーゼに染み込ませ、包帯を巻いてもらったことを覚えている。包帯も当時、大変な貴重品だった。

——もう痛いという感じもしない。需品廠の医務室に収容されて二、三日経って、婦長がカンフル注射を打ってくれて気がついたんです。婦長さんが「水を飲んだら心臓が止まってしまうのよ」って言われて。心臓麻痺で死んでしまうらしいですわ。でも実際は飲ましても飲まさなくても死ぬんです。だから、あん時、逃げる途中でね、「水、水」言われて、飲ませてあげればよかったかなとも思うけど、でも駄目だったろうね……。

ほんの一瞬の光でね、同じ場所にいても私より酷《ひど》いのもいたし、レンズが溶けるような者もいた。わっしは上着を着てたから助かったけど、着てなかったら死んどったでしょう。同じ場所で一緒に座っていながらね、生死を分けたんです。

生と死をめぐる修羅場は続く。需品廠の救護所には時間が経つにつれ、次々と負傷者が運び込まれてきた。工場で一緒に働いていて、その日たまたま、早朝から広島市の中心部にある陸軍の施設に使いにやられていた女子挺身隊は全身に大ヤケドを負って、変わり果てた姿で帰ってきた。みな揃いの濃い色の上衣とモンペを着ていたのが、ヤケドを更に酷いものにしたようだった。その中のひとりは、普相が毎朝、汽車で同じ車輛に乗り合わせ、密かに恋心を抱いていた女性だったが、虫の声で名乗られても、もはや顔の判別もつかなかった。ただれる皮膚もなく、赤身が剝き出しになった顔は目と鼻の穴、口の別が分かるだけ。両目はヤケドで膨れ上がった肉の中に埋もれ、髪はチリチリに焼け焦げ、下唇は風船のように膨らんでいた。

夜になると彼女らは「水――！　水――！」と叫んでは、次々とぜんまい仕掛けの人形のように上半身を直立させた。普相は、人間とも思えぬその形相に震えあがった。付き添いの人は「今、持ってくるからね」と言ったまま外へ出たきり帰ってこない。重傷の患者に水を与えることは厳禁だった。そんなことを繰り返しながら、女性たちは順に息を引き取っていった。亡くなるとすぐ、ウジが目から耳からあふれるように湧き出した。「死」は、人間から尊厳さえも奪い去っていた。それでも人手が十分にある救護所で普相が目にした惨状は、広島市中心部のそれとは比較にすらならないものだっただろう。

半身膿《うみ》だらけで寝たきりのまま、八月一五日を迎えた。天皇陛下の言葉は、雑音にまぎれ何を言っているのか分からなかった。夜になって、泥酔した若い将校たちが右手に日本刀をかざしてやってきて「この仇は必ず討とうぞ！」と、普相ら負傷者の手をひとりひとり握って歩いていた。もちろんその後、アメリカへ行って仇を討ってきた者はひとりもいなかったが、彼らの言葉からようやく戦争が終わったことを知った。

間もなくして需品廠の救護所も閉鎖されることが決まり、普相は痛みの走る体に鞭《むち》うって上山村へと戻ることになった。腰の痛みはあったが、幸い歩けるまでには回復していた。

トラックに乗せてもらい広島駅に到着した。駅から眺めた広島の町は一面の焼け野原と化し、遠く宇品港の向こうの海まで見渡せた。

ガレキの中に、ホームだけが剝き出しで残っている。そこに、戦禍を免れた懐かしいC11の姿があった。汽車はすし詰めだったが、包帯だらけの若者は優先的に乗せてもらえた。大勢の人の助けを借りた。動いたり止まったりする不自然な揺れに身を任せ、故郷の駅に着いた時にはもう薄暮になっていた。

駅から寺の近くの停留場までは普段、バスで四〇分ほどの道のりだった。もちろん、燃料の尽きた戦後すぐにバスなど走っていない。どこをどのようにして歩いたのか記憶はないが、深夜になってようやく寺の近くまで辿り着いた。

月光をたよりに寺の入り口の石段を這うようにして上がった。腹ばいのまま見上げると、大カヤの木がこちらを見下ろしている。遠くに鳴く鈴虫の声以外、何も聞こえぬ静寂。その中を風が一陣、吹き抜けた。大カヤの葉が、ザワザワと音をたてて風に揺れた。

――小坊主、帰ってきたか。

そう言われているような気がした。

「ああ、自分は今、確かに生きている」

普相は久しぶりに人間の感情を取り戻したようだった。

深夜、片目だけを出して包帯でグルグル巻きになった次男坊が玄関先に腹ばいでいるのを見つけて、寺はかつて普相が叩き落とした蜂の巣のような大騒ぎになった。

長男は原爆投下の二日後に、幸い難を逃れ帰ってきた。次男は連絡がない。死んでしまったのだろうとみな諦めていた。捜しに行こうという話も持ち上がったが、元気な人まで次々と死んでいく新型爆弾の恐ろしさは伝染病とも噂され、取りやめになっていた。

故郷に戻ってから二ヵ月は寝たきりだった。高熱は続き、原爆症の特徴である赤い斑点が体中に浮き上がった。母は週に何度も、自分を乗せた重たいリヤカーを引いては山向こうの病院へと峠道を通った。食糧のない時代だったが、あちこちから食材を集めてきては、煮込んだりすり潰したりして滋養のある食事を用意してくれた。普相は、これで髪が抜けたら死んでしまうと怯《おび》えながら過ごしたが、体力は徐々に回復していった。

それから何十年も経ってからのことである。まだ母親が生きている頃、東京から里帰りした普相は、年老いた母親に何気なく尋ねたことがある。

「わっしが広島から帰ってきたのはいつ頃じゃったかなあ」

おだやかな母が、間髪入れずきっぱりとした声で即答した。

「あんたが帰ってきたのは八月一九日の夜ですよ」

母は、指折り数えて自分を待っていてくれたのだ。次男坊と呼ばれ粗末に扱われていたことなど、深い親心に比べるといかに些末《さまつ》なことだったかと胸が熱くなった。

後に、同級生の安否も知った。爆心近くの小網町《こあみちょう》で建物疎開に従事していた同級生と下級生、あわせて三六九人が一瞬にして犠牲になっていた。骨すら見つからぬ者がほとんどだった。生き残ったのは、たまたま需品廠での仕事にまわされた自分たち、その中でも数人だけ。『動員学徒誌』（広島県動員学徒犠牲者の会・昭和四三年）によると、全国の動員学徒の死亡者一万九六六人の内、広島だけで七二〇〇人を占めている。広島では、市内中心部の建物疎開に生徒を動員していたことが、若者の犠牲をより大きくした。

小さな原子爆弾は、その年だけで一四万もの命を奪った上、生き延びた人々の性《さが》をも剝き出しにした。なんとか命を繋いだ普相もまた、深い罪の意識に苛《さいな》まれることになる。

自分は大勢を見殺しにして逃げた。建物の下敷きになった同級生。あの時、逃げ出さずに手を差し伸べていたら猛火に焼かれることはなかったかもしれない。途中で「水をくれ」と乞うてきた人たち。水をあげたら、少しでも命は長らえただろうか。赤ちゃんを抱いて立ち尽くしていたお母さん。見て見ぬふりで逃げた。「一人一殺」「一億玉砕」など嘘っぱち。「死」は、そんな美しいものではなかった。あの時、自分を突き動かしていたのは、「死にたくない！」という心の叫び。まるで体全身の細胞から湧き上がってくるような「生きたい！」という凄まじい欲望だけだった。

二〇一一年の夏、普相は広島のテレビ局が被爆体験の作文を募集しているのを知り、鉛筆を手に取った。しかし、多くの人を見捨てて逃げたことだけは、どうしても書けなかったという。

幾つもの偶然と幸運に恵まれ戦禍の町を生き延びた被爆者たちは、多かれ少なかれ普相と同じような自責の念を抱いて生きている。しかし極限の状況におかれた人間がとる行動は、もはや善悪の物差しで測れるものではないだろう。

それから数年間、京都に向かうまでの普相の記憶は曖昧である。心の片隅にあったのは、大勢の人を見殺しにして逃げたことへの悔悟、そして原爆症がいつ再発するかという恐怖だけ。一〇代の若者には、ひとりでは抱え切れぬほどの重みだった。

それでも普相は、どうしても生きていたかった。

第四章　予兆

一　靴下

師走を迎えた東京の街は、どこもクリスマスの電飾でにぎわいを増していた。

その日、渡邉普相は朝早く、三田の寺から国鉄・田町駅まで歩いて出た。寺の仕事も、拘置所の教誨面接もない休みを利用して、東京・下町の馬喰町《ばくろちょう》へ向かうためである。

ほんの数駅で神田の古びた駅舎に着くと、国道六号線沿いを東に向かってどんどん歩いた。大通りから一本入った細長い路地では、早くも店の主人たちが大きな声を掛け合いながら慌ただしく出入りしている。閑静な三田界隈とは違って、下町のくったくのない表情は、中学の頃に見た賑やかな広島の町にどこか似ていて心が浮き立った。

「馬喰町」――。こんな地名も東京らしいなと渡邉は思った。江戸時代、馬を売買する馬喰たちの宿場が集まったことからついた名前だという話は、ここを教えてくれた師匠の篠田龍雄から聞いたものだ。その旅館街も、明治に入って東京駅周辺へと移っていき、その後は隣の横山町とともに商人の町に装いを変え、戦後は繊維を中心とした日本屈指の問屋街になっていた。

渡邉のこの日の目当ても、その繊維街である。帰りは大荷物になるからと両手はすっかり空けてきた。軒を並べる問屋を幾つも出入りしながら見定めていたのは、一番安くて長持ちしそうな〝靴下〟。

サイズは大と中の二種類あれば十分だ。だが多少は模様も気になるし、色もなるべく明るいものが良かろう。同じ綿でも少しでも厚くて温かい生地はないか、などと思いを巡らせているうちに時間ばかりが過ぎていく。普段は買物嫌いな渡邉をあれこれ迷わすほどに、この町の品揃えは豊富だった。ここ数年、年末になると必ず同じようなことを繰り返している自分にふと気づき、渡邉は作業を急ぐことにした。

店で分けてもらった段ボールに次々と靴下を詰め込んでいく。求める靴下は軽く一〇〇足以上。それでも自腹の財布はあまり痛まない。さすが日本有数の問屋街、往復の電車代を差し引いても、はるばる三田から足を運ぶ甲斐があると渡邉はしきりに感心した。

　靴下はすべて、年越しの死刑囚たちに贈るためのものである。ここ数年、篠田と手分けして、面接を担当する死刑囚たちにひとりあたり一〇足は用意することにしていた。篠田は、たとえ寺の法座の場であったとしても、死刑囚の話を少しでもして幾ばくかの金を得た時には、一円たりとも自分のために遣ってはならない、彼らのために遣うのだと口を酸っぱくして言っていた。そんなことから、この年末の馬喰町通いは始まった。

　獄中生活にあって、家族や親戚から十分な仕送りをしてもらえる者は、ほとんどいない。いや、そのような関係が築けているならば、彼らはそもそも死刑になるような事件など起こしやしない。普段は忘れるよう努めている家族の不在が、否が応でも心に容赦ない隙間風を吹かすのがこの年の瀬という時期だ。

　もちろん、教誨活動に関係のない物品を死刑囚に贈与することは拘置所の規則で厳しく禁じられている。しかし、年末だけは事情が違った。クリスマスが近づくと、四舎二階にはキリスト教の慈善団体や近隣のミッションスクールから、お菓子の詰め合わせや手作りの絵本といったクリスマスプレゼントがどっさり届けられる。それを規則だからと突き返すほど拘置所も冷たくはない。この時期ばかりは平素のような細かなことは言わず大目に見てくれるというわけだ。

　店先で色とりどりの靴下を手にとる度、渡邉の脳裏には、その主になるであろう死刑囚の顔が浮かんでは消えた。ひょっと、にやりと笑う初老の女、小林カウが催促するような笑みを浮かべた。

「ああ、今年は女物も必要じゃった」

　渡邉は、居心地の悪い女物の売り場へと急ぎ、なるべく派手な明るい色を選んだ。そうして用意した段ボールはすぐにパンパンになった。

　馬喰町からの帰り道、神田駅前にあるなじみの書店に立ち寄った。来年の日めくり暦を買い求めなくてはならなかった。年末になると決まって、「三鷹事件」の竹内景助を筆頭に几帳面《きちょうめん》な死刑囚たちが新しい年のカレンダーを欲しがるからだ。

　すでに両手は段ボールの大荷物である。分厚くて重い日めくりよりも、月めくりの方が薄くてかさばらない。持って帰るには楽に違いなかったが、渡邉にはどうしてもそれが買えなかった。カレンダーは今日しかない日めくりがいい、そう思った。

二　茶飲み漫談

思えばこの年、昭和四一年（一九六六）は、あまりに多くの新顔が登場した。中でも忘れられないひとりは、この男だろう。

「さて次は……」

教誨室で面接のリストに目をやった渡邉は、その名を確かめると思わず溜息をついた。会う前からどっと疲れが押し寄せる。やり甲斐もないが、これも務めと気を取り直し、事務的に湯飲みを拭いて新しい茶を用意した。

待ちくたびれたといわんばかりのふてぶてしい様子で部屋に入ってきたのは、ここの住人の中でも最年長の部類に入る大橋光宏（仮名、五七歳）である。

渡邉は彼のことを、心の中で〝茶飲み親父《おやじ》〟と呼んでいた。「教誨日誌」の大橋の欄を見ると、来る日も来る日も「茶飲み漫談」という、渡邉の苛立つ感情そのままをぶつけたような殴り書きの五文字が並んでいる。大橋は大橋で、二回り近くも年下の小生意気な坊主のことを皮肉って「先生さん」などと呼ぶ。二人の間の空気はいつもどことなく険悪だった。

「よい香りがしますね、これはどこの緑茶ですか。玉露かな。ところで先生さんよ、東京湾で飛行機事故があったらしいですな。これまた大勢、亡くなりましたね」

大橋は、渡邉の返事など必要なしとばかりにひとり語りを始める。今日の話題は、東京湾に墜落した全日空機事故と決めてきたようだ。新聞の情報をあれこれ並べたてながら、背を丸めて左手でぎこちなく茶をすする。右手はといえば、人の半分ほどに萎縮していて、ほとんど動かない。大橋は飛行機事故で犠牲になった一三三人の乗客を気の毒がってみせながら、少し前に亡くなった別の宗派の教誨師の名をあげて渡邉をからかうように言った。

「人生とは皮肉なもんですね、先生さん。死刑囚はこうして壮健でうまい茶を飲んでいるのだけれど、教誨師の方が先に死んでいくんですからね、へへへ」

話のとっかかりを探していた渡邉は、その機を逃すまじと応じた。

「そうですね、人間いつ死ぬるか分かりゃしません。それにしても、あなたの右手は大変そうじゃないですか。私も幼年の頃から、いや今だって自分の顔のことを罵《ののし》られると腹が立つんですが、確かあなたの事件もそれに関係しておったようですね。己を克服するということは難しいことですからね」

大橋の顔から、ニヤけた笑みがスッと消えた。そして左手で動かぬ右手をさすりながら吐き捨てるように言った。

「生まれた時からなんですよ、この右手は。なんの因果か、これには苦労させられました」

一瞬、扉が開きかけたかと思った。しかし大橋はそれ以上語ろうとはせず、口元は言葉尻にきて固く結ばれてしまった。


大橋の事件は長野県伊那市での、やはり強盗殺人事件と、「身分帳」にはあった。

大橋の生まれは、浄土真宗の寺である。真宗の寺は基本的に世襲であり、長男である大橋は跡取りになるはずだった。ところが大橋は、生後すぐに患った高熱のため右手が萎縮して不自由になり毛筆が出来ないことから、住職の座を継ぐことを諦めた。そして織物で生計を立てるようになったのだが、その実直な働きぶりは近所でも評判で、すぐに結婚相手に恵まれた。しかし、右手のことにふれられると人が変わったように怒り出す、というのは多くが口を揃えるところだ。子どもたちが食事の際、父親の右手の動きをふざけて真似た時も、大人気なくひどく叩いた。彼にとって右手のことはずっと、カサブタの張らない生傷であり続けた。

ある朝、事件は起きた。タバコ屋の年老いた夫婦がコタツで眠るようにして死んでいるのが見つかった。当初は心中とみられたが、その後の検死で夫は青酸化合物による毒死、妻は鼻口圧迫による窒息死と分かり大騒ぎになった。小金持ちの夫婦は平素から金にうるさいことで嫌われていて近所の人も近寄らず、大人しい大橋がいつも呼ばれては将棋の相手をさせられていた。三ヵ月後、その大橋が逮捕されたのだから、騒ぎは一層大きくなった。

判決によると子沢山の大橋は、営んでいた織物工場が倒産し、家で細々と織物をしながら生計を立てていた。しかしいよいよ金策に困り、被害者夫婦から金をせしめようと企んで、夫婦を計画的に殺害し三〇〇〇円を奪って逃げた。右手のことで世間を逆恨みしていて、逮捕されるまで三ヵ月間、平然と家で仕事を続けるふてぶてしい態度には反省のかけらも見られない、といかにも凶悪な強盗殺人犯に仕上がっている。一審で大橋はこの判決に対して何も語らず、黙って死刑判決を受け入れた。

ところが、二審では一転、事件について次のように主張した。

タバコ屋の夫婦が、数週間前にとっくに売り払っている自分の内職品の売り上げ三〇〇〇円をなかなか支払ってくれないので催促しに行った。すると、「今日は手持ちがないから駄目だ」と断られた。帰りたかったが、無理やり将棋に付き合わされた。自分は気が弱く、いつも断ることが出来なかった。酒を飲みながら何度も勝負したが、この日は自分が一方的に勝ち続けた。すると苛《いら》ついた主人は駒を指すのと調子をあわせて、「この片輪！　片輪者！」と自分を罵り始めた。

カッと、頭に血がのぼった。しかし正面から喧嘩できるほどの度胸はない。どうするのか。大橋は怒りに任せ、いくつもある選択肢から最もまずい方法を選ぶことになる。用事があるからと自宅に戻って除虫用に置いてあった農薬（青酸カリ）を酒に入れ、「うまい酒を持ってきた」と主人に飲ませてやった。懲らしめるつもりで殺すつもりはなかった。しかし主人は泡を吹いて倒れてしまった。すると寝ていた妻が起き出してきて「夫が死んでいる」と騒いだため、夢中で口をふさいだ。

家には金が沢山置いてあったが、自分が持ち出したのは受け取る権利のある三〇〇〇円だけで、他には一銭も盗んでいない。金を急いだのは、娘の大切な定期券代を生活費として借りていたので、どうしても早く返してやりたかった。事件の後、家で内職を続けたのは、逮捕されるまでに子どもたちの生活費や学費を少しでも稼いでおきたかったから。計画的な犯行とした一審で逆らわなかったのは、家族のために人目のある地元での裁判をなるべく早く終わらせて、知人のいない東京の高等裁判所に移るためだった、と主張した。

二審では殺意が争われ、精神鑑定も行われた。鑑定は、大橋の供述は信用できるとして、事件は「衝動殺人」との結論を下している。しかし裁判所は鑑定を却下。一審とほとんど変わらぬ文言で計画的な強盗殺人として死刑判決を維持した。

そんな経緯が羅列された身分帳に目を通しながら、渡邉は「この男もか」と思った。

大橋は紛れもなく老夫婦を殺害した「加害者」である。その事実に間違いはない。しかし彼は、自身が最も気に病んでいる右手のことを平然と馬鹿にされたことへの「被害者意識」を拭えないでいた。罪を犯しながら、心は被害者のそれなのである。

そんな人間に心の平穏を説いても伝わることはまずないことを、若い渡邉も教誨師として十分すぎるほど経験してきた。死刑事件の加害者である死刑囚には、大橋と同じような被害者的な恨みに捉われている者があまりに多く見受けられた。幼い頃から家や社会で虐げられ、謂《いわ》れのない差別や人一倍の不運に晒されて生きてきた者が圧倒的に多い。そして成長するにつれ、自己防衛のために自己中心の価値観しか持てなくなっていく。だからと言って罪を犯すことが許される訳ではなく、自業自得と言ってしまえばそれだけのことだが、そうして行き着いた先が「処刑台」では救われない。

事件のことはさておき、まずは彼ら自身に向き合って、その「被害感情」を取り払わなくては、事件に対する真の反省も被害者への慰藉《いしゃ》の気持ちも永遠に訪れることはない。

本来なら裁判で事件を犯すに至った経緯を詳しく調べ、曲がりなりにも彼らの言い分を聞き、止むを得ない気持ちも酌んでやった上で判決を下せば、たとえそれが死刑判決でも彼らなりに納得して刑に服することも出来るかもしれないのに、と渡邉はいつも思ったものだ。なぜなら、彼らは独房で幾度となく判決文を読み直すからだ。いわば判決文は、彼らの人生最後の通知簿だ。しかし、そこで情状酌量の余地など認めれば、ひとりの人間をこの世から抹殺する死刑判決など下せるはずもない。だから多くの死刑判決は、そこら中に落ちている日常のちょっとした出来事まで殺人の背景を形づくる材料としてかき集め、一方的に断罪することに腐心しているように渡邉には思えた。殺人者の話に耳を傾けようとする者などいない。

かたや軽率な言葉の刃物で相手の心をズブリと貫き、治らぬ傷を刻みつけ、その人生までも狂わせてしまう者を罰する法律は見当たらない。見えない傷は、人間の法律では裁けない。何より言葉を吐いた側の多くは、自分がそんな大変な事態を招いていることになど気付いてもいない。まさに浄土真宗でいう〈悪人〉と〈善人〉の話である。

さらに、大橋が一方的に被害感情を高める物語には、まだ続きがあった。

事件の後、大橋一家は店で食糧を売ってもらえなくなったり、子どもたちが登校を拒否されたりと村中からひどく迫害された。一家は明日の米にも事欠き、子どもまで餓死寸前の状態に追い込まれていた。一審の途中で現場検証のために村を訪れた裁判長は、一家が置かれている状態を知って心を痛めた。自ら死刑判決を下した数日後、裁判長は地元の信濃毎日新聞に直談判し、実名で次のような記事を掲載している（一部抜粋）。

〈村の一部の者が「被告人の一族が村にいては被害者が浮かばれない」と圧力をかけていると耳にしました。七三歳になる被告人の老父は五〇年間、仏寺の住職をしてきた人。また下はまだ小学校に行っている被告人の五人の子供たちは、住みついた土地を行くあてもなく追われたらどうなることでしょう。被告人の罪は憎むべきですが、事件に何の関係もない家族を責めるとしたらとんでもないことで、罪を九族に及ぼした昔のことなら知らぬこと、現在の日本でこのようなリンチが行われるとすれば人道上許しがたいことです。残された家族にはあたたかい目で、この人たちが悲劇に落ち込んだりすることのないよう見守ってやって下さい〉

しかし裁判官による投書もむなしく、大橋の両親は村から追われるようにして名古屋市内へ引っ越した。両親は老齢の身に鞭打っての土木の日雇い仕事で身体を壊し、やがて寝たきりになった。子どもたちも各地の親戚に引き取られ、散り散りに。まさに一家離散である。

重大事件を起こした犯人の家族や親戚までも世間の非難に晒され、身の置きどころをなくしてしまう不条理はいつの世も同じだ。大橋の心にあるのは世間への怨みと、破滅した自身の人生への絶望だけ。その心はますます被害者のそれとなり、自ら犯した罪に向き合うことは難しくなる一方だった。

この日、飛行機事故の世間話が一段落すると、茶を飲みながら窓の外を眺めたまま大橋がつぶやいた言葉が、珍しく「教誨日誌」に残されていた。

「梅の花が散る姿には、無常の美を感じますわね。運動場の隅に花を植えている人もいるけれど、自分もあのように早く土に返りたいですわ」

この頃の東京拘置所の運動場には、死刑囚が許可を得て花を植えたり、刑務官が朝顔を育てているスペースがあった。春には黄色のレンギョウ、梅雨には紫陽花《あじさい》、そして夏にはダリアが順々に咲いた（昭和五〇年以降は保安上の理由からすべて刈り取られてしまう）。大橋は花々のはかない命に、自分の命を重ねているのか。渡邉は尋ねた。

「大橋さんは、死刑のことを考えることはあるのですか？」

「先生さん、私は自分のことなど何も気にもかけておりませんよ。名古屋の父は今月一〇日に逝去したそうですし、母も良い母であったのに私のために本当に苦労させました」

「子どもたちには、手紙は出しているのですか？」

「考えても、もうしょうがないですから、頭の中から捨てるようにしています……」

久々に続いた会話に、子を思う親の気持ちについて語りあおうとしたが、それ以上、取り付く島はなかった。それどころか大橋は寺の生まれとあって、こちらが少しでも親鸞聖人の言葉を引用して何か言おうものなら、どこかで見聞きした知識で馬鹿にしたようなことを言う。

「先生さん、あなたも僧侶ならご存知とは思いますがね、そもそも仏教の経典というのはお釈迦《しゃか》様の没後かなり時間が経って書かれておりますから信用は出来ないんですよ。親鸞聖人の教えを伝える坊さんだって、その世界じゃ醜い争いもありますし、みな生臭坊主ですよ。みんな坊さんの話を真面目に聞くのは葬式の時くらいでしょう、それが現実です」

渡邉はそれでも会話の糸口を探そうと尋ねる。

「そうは言っても、例えばあなたのまわりでも、食事の時に手をあわせて合掌する者も少しくらいはおるでしょう？」

「さあ、ほとんど見たことございませんな。まあ、私が部屋に経典を揃えているのも、ここでたったの一度も懲罰を食らうようなことをしないのも、小さい頃から仏教の教えを受けてきたからかもしれませんがね。そのなれの果てが強盗殺人で死刑です。私は他人の金は一円も盗んじゃおりませんがね……」

そう言って、それ以上の会話を断ち切るかのように乱暴に溜息をついた。気持ちを落ち着かせようと読経を勧めてみたが、「お経ね……」と生返事。湯飲みの茶を一気に飲み干し、まともに挨拶もしないまま部屋から出て行った。

静まり返った教誨室では、時計だけが律儀にカッチンカッチンという音を空しく響かせている。言いたいことも言えぬまま、ひとり取り残されたような不愉快な気分になった。渡邉もまた、ぶつける先のない怒りの言葉を冷めた茶と一緒にグッと飲み込んだ。

三　告白

渡邉普相が視線を落とした先の手元には、四〇年以上も前からずっと大切に使い続けている国語辞典があった。ある男が、死刑を執行される間際に形見として残していったものだ。

男の名前は、白木雄一（仮名）といった。

「彼はねえ、ほんとう――うに、いい男だったんだよ……」

渡邉はすっかり古びた国語辞典をパラパラとめくりながら、やり切れないような強い口調で、どこか悔しそうにつぶやいた。

「死刑囚のことをいい男なんて、おかしいんじゃないかと思われるでしょうがね。被害者もおることですから滅多に言えんことですがね。頭もよいし気もよいし。じゃが、普通には暮らせん性を背負っとって、それから逃れることが出来んと自分で分かっておったから、あの男は自ら望んで死刑になっていったんだよ」

形見の国語辞典の「死」という文字は、かすれた鉛筆書きの黒丸で囲まれていた。

「まさか彼が」という周囲の驚きをよそに、東京・下町の洋服店に勤める真面目な縫製職人、白木雄一が逮捕されたのは二八歳の時だった。

容疑は、よりによって連続殺人。七ヵ月の間に、売春を生業《なりわい》にしていた飲食店の女二人を次々と殺害し、三人目に重傷を負わせたところで捕まった。被害者はみな鋭いナイフでひどく切り付けられていて、逮捕されるまで犯人は〝東京の切り裂きジャック〟と恐れられた。

白木には一歳年上の婚約者もいて、つきあいも円満だった。それなのに彼は繰り返し女を狙い続けた。ひとり殺《や》ってしまうと抑え込んできた欲望に火がついて我慢が出来なくなったかのように次から次へと、まるで捕まる時を待っていたかのような犯行でもあった。

裁判は、白木が容疑をすんなり認めたためトントン拍子に進んだ。法廷に立った白木は「どのような処分も甘受します」とだけ答えている。間もなく問答無用の死刑判決が下され、白木は弁護士が手続きをした控訴も進んで取り下げ、早々と死刑を確定させた。そのようなスピード決着に加え、同じ頃、稀代の殺人鬼と世間を騒がせることになる大久保清の連続殺人事件が発覚したこともあって、〝切り裂きジャック〟の事件が忘却の彼方へと追いやられるのにさほど時間はかからなかった。

犯行の動機は結局、裁判では解明されぬままだった。渡邉もそのうち自分の担当になるやもしれぬと新聞記事にはよく目を通したが、白木の事件について書かれた特集記事はどれも似たようなものだった。被害者はみな母親ほどの年齢差がある女ばかり。白木は幼い頃、実母と養母に相次いで捨てられている。そのため「マザーコンプレックスによる殺人」とする見方が多かった。

そのうち白木が教誨を受けたいと希望しているということで、手が空いていた渡邉が担当することになった。渡邉はいつものように庶務課で「身分帳」を借り受け、事前に裁判記録一式に目を通した。長い記録を読みながら、ロシアの文豪が書いた小説の一節をふと思い出した。小説は確か、こんな書き出しで始まっていた。

――幸福な家庭はどこも同じだが、不幸な家庭にはそれぞれの不幸がある。

記録に現れた白木の生い立ちもまた不幸な家庭のひとつであったとしても、それがあまりに酷すぎることに渡邉は打ちのめされた。ただそれは、白木雄一というひとりの死刑囚が遺していった記憶において、序奏のひとつに過ぎなかった。彼が後に渡邉に告白することになる長い物語――。その深層には、あまりに重苦しい、いや、そんな言葉では簡単に表せないほど哀しい風景が映り込んでいたと言わなくてはならなかったからだ。

白木は昭和一五年（一九四〇）、かつて日本領だった樺太《からふと》南部で生まれていた。三歳で両親に捨てられて養父母に預けられるが、養父母もまた五歳の時に離婚。養母は去り、白木は養父に育てられた。しかし「育てられる」という言葉は形式的な表現に過ぎない。養父はヤミ市の仕事に忙しく、白木のことは捨てこそしなかったが、ほったらかしだった。

養父は戦後の混乱の中で、樺太から稚内《わっかない》、旭川、留萌《るもい》、青森と職を求めては転々とした。それに同行するしかない白木は、学校にはほとんど通っていない。移動する度に旅館に置かれ、長居させてもらう代わりに旅館の手伝いをして過ごした。もっとも旅館からすれば、客が強引に置いていった大して役にも立たない少年で、どこに居ても邪魔者扱いだった。

白木には、遠い記憶の底をどんなにひっくり返して探ってみても、誰かに可愛がられた経験がないという。友人もひとりもいない。警察の調書には当時の心境について、「むしょうに淋しくて気分が浮かず、苛々《いらいら》して猫を殺したり、海に投げ込んだりしておりました」と書かれている。

実は白木には、成人する前に殺人の前科があった。一六歳の時、滞留していた青森県弘前市の旅館で、遊びに来た女の子（七歳）の首を絞めて殺していた。性的暴行は働いていない。警察から動機を聞かれた白木少年は「いたずらするつもりはなかった、なんとなく殺した」と答えている。渡邉は、この「なんとなく殺した」という言葉に奇妙な印象を抱いた。

この事件で白木は懲役一五年の判決を下され、少年刑務所に服役した。受刑態度は極めて良好で、七年間ずっと無事故無違反で表彰されるほど模範囚だったと記録にはあった。

上京したのは少年刑務所を出てからだ。文京区の洋服店に弟子入りし、縫製職人の下で働き始めた。元来手先が器用だったようで、すぐに腕をあげた。事件後、店に入れ替わり立ち替わり現れたマスコミに対して主人が語った言葉は、「温和で真面目な職人」という人間像を一度も崩さなかった。理髪師の恋人も、拘置所で初めて本人に面会し、その口から「事件は間違いなく自分がやった」と聞くまで何かの間違いと信じようとしなかった。

面接での態度も落ち着き払っていた。どんな死刑囚でも暫く付き合うと、家族に対して恨み節になったり世間への怒りをぶつけたりと感情の起伏を見せるものだ。しかし白木には奇妙なほどに人間らしい揺れが感じられなかった。マザコンと書かれていたわりには母親の話も一切しない。掴《つか》みどころのない白木の様子に、渡邉は判決文にあった「情緒欠如性精神病質」という言葉を思い浮かべたりした。

ある日の面接で渡邉は、白木に図らずもこう漏らした。後にして思えば、この時、口火は切られたのである。

「君の犯罪はマザーコンプレックスによるもんだと書かれているようじゃが、そんな風には見えんなあ」

すると白木は暫く黙り込み、何か考え込むような仕草を見せた後、答えた。

「先生、私は実の母親の顔も知らないし、養母は優しい人だったような記憶はおぼろげにありますが、置き去りにされた私からすれば捨てられたのと同じです。今で言う情操教育など受けることはなかったし、小さな頃から動物を殺して喜んでいるような子どもでした。だから確かに、女という存在には憧れのようなものもあるし、反面、嫌悪感もあるということは言えるでしょうね……」

まるで他人を分析するかのような冷静な語り口は、まだ何か語り足りない風でもあった。

そんな白木が後日、思わぬ打ち明け話をすることになる。

　確かその日は、群馬県で発覚した大久保清の事件で、ついに六人目か七人目の遺体を山中から発見したというニュースが報道された時だった、と渡邉は記憶している。白木はその事件によほど触発されたようで、こちらから聞きもしないのに進んで語り出した。

「マスコミは最近、大久保清でもちきりですがね、あの事件を正しく伝えている者はひとりもおりません。私には分かるんです。大久保清は私と同じ種類の人間です。時々、強姦もしているけど、本当の目的は強姦なんかじゃありません。いわば強姦は前戯です。本当の目的は、殺しなんです。女を殺すのが、気持ちよくてたまらないんですよ」

　白木の言葉は極めて明確だったが、渡邉には一瞬、彼が何を言っているのか分からなかった。

「先生、私が弁護士の控訴を取り下げた時、新聞記者は被告人は反省を深めているなどと書いたようですがね、あれは違います。私はもう二度と外に出てはいけない人間なんです。外に出たら、私は必ず、また殺ります。自分の腹の奥から衝《つ》き上げてくる衝動を抑えられないんです。だから、私のような人間は死刑になるより道はないんです」

白木の瞳の底の方から、鈍い光が放たれた。

実は事件当時の新聞報道は、犯人のことを〝切り裂きジャック〟とは書いたが、現場の様子を正確には伝えていない。被害者の遺体の状態が悲惨きわまるものだったため、詳細に伝えられなかったという方が正しいかもしれない。遺体はナイフで一〇〇ヵ所近くも傷つけられ、腹部は十字に切り裂かれて、引きずり出された内臓はさらに切り刻まれ、唇と胸、局所はことごとく抉《えぐ》り取られていた。殺人事件というよりも猟奇事件という方がしっくりくる現場だ。当時、数々の修羅場を経験し、捜査一課の伝説の刑事と言われていた平塚八兵衛も現場に駆けつけているが、その八兵衛ですら、あまりの悲惨さに思わず目を背け、ベテラン検視官が嘔吐したというエピソードも残されているほどだ。

どうしてそこまでやったのかと刑事に問われた白木は、「下着姿の女のあられもない姿を見て、どうしてもナイフで切りまくりたいという衝動を抑えられなかった」と答えている。女の下着姿に「欲情した」のなら分かるが、「切りまくりたい」というのである。そういえば一六歳の時に女の子を殺した時も「なんとなく殺した」と奇妙な供述をしていた。

　渡邉は努めて平静を装って尋ねた。

「あんたみたいな、ええ男が、どうしてそんなことになってしまったんだろうなあ」

　白木は表情を変えることなく語り続ける。

「刑事にも詳しく話しましたが、あまり真剣に聞きませんでした。小さい頃からずっと旅館暮らしで、中には連れ込みのようなのも沢山ありました。夜になると隣の部屋で男女の営みが見えるんです。覗き見をしてましたら、男が女の首を絞めておりましてね。女は顔を歪めるんですが、それでも嬉しそうに声をあげるんです。苦しいのが気持ちよいというような、そんな感じで。それを見た時、なんとも言えないほど興奮しましてね、それから自慰する度に、女が苦しんでは死ぬ様子を思い浮かべてやるようになりました」

　歪んだ性的な刺激と、猫殺しの快感。明らかに異常だ。何か返事をしようにも言葉にならない。すっかり戸惑う渡邉を前に、白木の話は終わらなかった。

「先生、私が死刑になったのは東京で女二人を殺したことだけですが、実はまだまだ殺しているんです」

　白木は眉をピクリとも動かさず、間違いなくそう言った。

「あと三人……殺っております。最初のは、旅館で快感を覚えたすぐ後の中学一年の時です。それは事故死になっております。それから後の二件は、別の人間が捕まっています。他にも刺そうと思って狙ったけど、失敗したのもまだまだ何人もあるんです」

渡邉は思わず椅子から跳ね上がり、叫んでいた。

「もうええ、もうええ！　もう言うな！　お前さんは死刑になる道を選んだ、もうそれで十分じゃ、それでええじゃないか！」

白木はそれでも静かな笑みを浮かべていた。

結局、白木が語り尽くしたところによると、これまで表に出ていない三件の殺人の現場は、白木が小学校から中学校時代を過ごした旭川市内で、被害者はいずれも女性だった。

その頃の白木がひとり旅館に置かれ、誰からも関心を注がれない大人しい子どもだったこと、そして猫殺しを楽しんでいたことはすでに書いた。

最初の殺人は中学一年の時だったという。相手は、養父に連れられ滞在していた旅館の経営者の親戚。その中年女はアルコール依存症の治療のためという理由で自宅に戻らず、旅館で生活していた。女はよく白木に酒を買いにやらせた。だが白木のことを苛めるわけではなく、むしろ誰も気にかけない孤独な少年の遊び相手をしてやったりもしていて、白木からすれば恨みがあったわけでは全くない。

ある日の夜遅く、白木は夢にまで見た計画を実行することにした。

酔っ払ったまま風呂に入る女の後をつけて入り、浴槽につかっている女の頭を上から押さえつけた。女は、最初はひどく抵抗したが、五分ほどするとピクリとも動かなくなった。えも言われぬ快感で身体が震えるようで、自分は射精したかもしれないと白木は言った。

翌朝、掃除婦が、風呂に浮かぶ女の遺体を見つけて大騒ぎになる。従順で大人しい一三歳の少年を疑う者はいなかった。女の死因は、飲酒しながらの入浴で心臓麻痺を起こしたものとして片付けられた。そのためだろう、当時の新聞を調べてみたが地方版の記事にすらなっていない。その手に確かな快感を得た白木は、ますます女を殺すことばかりを夢想するようになっていく。

その後、三人ほどつけ狙うも逃げられて失敗し、最初の殺人から一年後、第二の殺人を犯す。

被害者は旭川市内の小学生（六歳）。日中、校舎の外にある便所にひとりで入ったのを見つけて後をつけて入り、ナイフで突き刺した。

「メチャメチャに刺したかったのですが、子どもの〝痛い〟という声で我に返りました。その子はフラフラしながら便所から出て行きました。夕刊を見ると、教室の前で倒れているのが見つかり死亡したと出ておりました。私を目撃した者は誰もおりません」

白木は教誨室の木机の上に紙を広げ、犯行現場となった小学校の便所の配置を渡邉に改めて図に書いて説明し、刺された時の女の子の様子、刺した時の手の感触まで克明に告白した。

白木が語った犯行の日にちを調べると、翌日の地元紙に確かに白木がいう小学校で、ひとりの女児が亡くなったことが報道されていた。女児の血痕は校舎の外の便所から、倒れていた教室の前まで点々と続いていて、死因は「ナイフかはさみのようなもので刺された傷」とあった。

当初は迷宮入りの様相だったが、事件から四日後、報道は一変していた。女児と同じクラスの男児が家庭科の授業のために家から持参していたはさみに〝血痕〟が付いていたことが判明したというのである。以下、北海日日新聞より（傍点筆者）。

〈旭川市警が問題のはさみを北大法医学教室に持ち込み、教室員らによる鑑定が午前十一時から行なわれ、その結果は厳密に秘されているものの、はさみ全体に微量ながら○○ちゃんのものと思われる血液が付着し、さらにその血がはさみに付着した時期が事件発生の四日頃と思われる点などから、○○ちゃんは便所に行く前に刃物を持った児童と衝突、負傷後、その苦痛を案外感ぜず、用便をすましよろめきながら教室前に来たところを教諭に発見されたという過失説がほぼ決定的となり、事件はここ四日ぶりで解決をみる模様である〉

後日の続報に、注目されていたはずの北海道大学による鑑定結果は一度も報じられていない。無論、訂正記事もない。事件は何の根拠も示さない記者（または警察）の推測による、かなり無理のあるストーリーとともに男児による過失として片付けられていた。小学校の建物は白木による告白の前年に統廃合のために取り壊され、跡地はスーパーになっていた。もし再捜査が行われていたとしても現場検証すらかなわなかっただろう。

三件目の殺人もまた、女児を狙ったものだった。

現場は、同じ旭川市内の映画館「東宝劇場」。ロビーにいた白木は、やはりひとりで便所に向かった女児（五歳）の後をそっとつけて入り、有無を言わさず首筋を何ヵ所か切り付けた。翌日の新聞によると、女児は出血多量で搬送先の病院で死亡。白木は騒ぎになる前にまんまと逃げおおせていた。白木は渡邉に、「自分は青いセーターに黒のズボンをはいていました」と自分の服装までも細かにしゃべっているが、北海道読売新聞にも次のような記述があった。

〈○○ちゃんは病院に収容されてからも死の寸前に「青い服のおじさんに首を……」と言い残しており、旭川署では約四百人の観客を足止めにし、〝青い服の男〟を唯一の手がかりに服装検査を行なう一方、凶器、指紋、その他の手がかり発見につとめたが何ら得るものがなく、犯人は凶行と同時にいち早く場外に逃げ出したものとみられる〉

捜査員は「青い服のおじさん」を捜した。しかし、幼稚園の女の子から見れば、青い服を着た中学生の白木が「おじさん」に見えたとしても不思議はない。

おぞましい告白は、文字通り渡邉に大変な衝撃をもたらした。しかし渡邉はそのことを一切、他言しようとしなかった。師匠の篠田龍雄にもである。相手の秘密を守るという職務上の務めが大義ではあったが、それよりも自分は口にすることすら恐ろしかったのかもしれないと振り返って思うのである。一方、白木にとって、渡邉の態度は意外だった。むしろ渡邉に外に伝えてほしかったようだ。渡邉は止《と》めたが、白木はどうしても事実を知らしめたいと手記に認《したた》め、平素からマスコミの取材を受けることの多い死刑囚に頼んで、その手記をある人物に渡した。

手記を受け取ったのは、雑誌の記者をしていた平岡正明（故人）。平岡は、女性週刊誌『ヤングレディ』（昭和四六年二月二八日特大号・講談社）に記事を掲載した。ただ三人の被害者のうち、記事には旭川の女児二人のことしか書いていない。旅館で溺死させた女のことには触れておらず、渡邉に語った内容と比べると少し異なる部分もある。

平岡は事実を裏付けるために旭川まで足を運んでいる。過失とはいえ女児死亡の犯人とされた男児は、その後、同級生から「人殺し」と冷たい目で見られ、成人してから心を病んで入院していた。また映画館の事件で警察は、一時は被害者の母親を犯人と疑い、さらに人々が事件のことを忘れ去った頃、知的障害のある少年を逮捕し、少年院に送っていたという。

平岡の記事に、大手マスコミは無視を貫いた。二度にわたる誤捜査の疑惑を突きつけられた旭川署も、白木の詳細な告白について、「昔の新聞を見て想像した作り話で、再捜査をさせて時間を稼ぎ、死刑執行への時間を遅らそうとする方便だ」と一蹴した。

果たして真実はどうだったのか。

白木は死刑など恐れていない、むしろ冷静に死刑執行を待ち望んでいる。そのことを、彼の間近に接していた渡邉はよく分かっていた。警察が言うように十数年前の事件の新聞を獄中で持っているはずなどないことは、ちょっと考えれば分かることだ。だからこそ、彼のおぞましい告白には信憑性《しんぴょうせい》があると渡邉は確信していた。白木は間違いなく、三人を殺したのだ。しかし、獄中にある死刑囚が今さら何を語っても社会が耳をかたむけるはずはなかろうという予想もまた的中した。

ちょっとした騒動の後、白木は「用は済んだ」とばかりに、このことについては二度と語ろうとしなかった。そして、また静かに渡邉の教誨面接を受け続けた。

浄土真宗の経典の意味を自分なりに解釈しようとする態度は極めて真剣。ちょっとした会話の端々にはユーモアのセンスも見せたりして知的なものさえ感じさせた。裁判記録に記載された白木の知能指数（IQ）は一〇八。平均七〇ほどの四舎二階の中では突出して高かった。渡邉が接した死刑囚の中で、もっとも冷静沈着で大人の話が出来る男というのが、白木の印象だ。渡邉は、この男は刑場に送るより精神科病院に送る方が適当ではないかとすら思った。

白木が自らの死刑を前に自身の凶行を告白したのは、どのような心情からだったのか。死刑の執行を前にすべてを打ち明けてから逝きたいという懺悔の気持ちからか、それとも言わずにはおれなかっただけなのか、実のところ渡邉にはよく分からなかった。ただそれは、自身の行為をひけらかす悪趣味に満ちたものでなかったことは確かだった。

渡邉には最後まで、目の前にいる落ち着き払った青年と、人殺しを快楽に感じてしまう歪んだ性との接点が見出せなかった。到底繋がりえない、そんな二つの事象を繋ぐ漆黒の空間を、人は〝心の闇〟と呼ぶのかもしれない。

四　実母の面影

人が人を殺めるという究極の行為に及ぶには、よほどの事情がある。

一見、衝動的に見える行為の裏にもまた、長年蓄積された憤怒の澱《おり》が溜まっている。

〝切り裂きジャック〟と呼ばれた男のような歪んだ性からくるものもあれば、怨みを晴らすという明確な目的があるものもある。その多くは、彼らを包んだ家族と無縁ではない。果たしてそれが正当かどうかは別として、そうやって目的を達成したが故の死刑は自虐的でもある。

横田和男（仮名）、三四歳。

渡邉にとって横田は、教誨師としての己の力不足を痛感させられたまま厳しい別れ方をすることになるという結末からも、生涯忘れることの出来ない死刑囚のひとりだ。

横田は、竹内景助と犬猿の仲だった。顔をあわす度に嚙みつきあい、二月二七日の面接も開口一番、竹内の悪口から始まったと記録にはある。

「先生、竹内は私のこと何か言っておりませんでしたか？　運動場で本で読んだような偉そうなことを言うもんだから、お前だってしょせん殺人犯だ、偉ぶるなと言ってやったところですよ。私はね、向こうから謝ってこない限り、絶対にあいつとは話はしませんからね」

こんな風に気の短い男ではあったが、じっくり付き合うと意外に思いやりのある優しい面も見せた。やはり家族からは縁を切られていたが、たったひとり都内に暮らす叔母が時々、差し入れにやってきた。この日の面接の前日にも高級なチョコレートを差し入れてくれたということで、それを独房から持参して、自分の後に面接に来る死刑囚たちに食わせてやって下さいと預けて帰った。他の死刑囚に食べ物を分けてやるような死刑囚に、渡邉は他にお目にかかったことがない。

事件の時は、彼があわせ持つ悪い方の気質が前面に出てしまったのだろう。横田に限らず、人生の決定的な瞬間に自分の内にある善と悪、柔と剛、どちらが、どのくらい、どう出るか、そして塀の中に落ちるか外に留まるかは、本当に僅かな運、不運の差だ。暴走を止めることが出来るのは、愛された記憶、そして愛する者の存在でしかない。しかし横田の場合、その愛すべき相手が仇となった。

横田の良き心を閉じ、乾き切った心に消えぬ炎を焚きつける動機となったのは、彼自身の「実母」である。それは殺人事件を起こす直接の原因にも重なっていく。

横田の罪名もやはり「強盗殺人」である。二六歳の時、かつて自分も世話になった更生保護施設に侵入して守衛を刺し殺し、奪うほどもない僅かな金と安物の万年筆を盗んで逃げた。逃げる途中、知り合いに顔を見られると、わざわざ「奥で守衛が死んでいるよ」と自らの犯行を告げてさえいた。もちろん、すぐに指名手配が回った。

ここから彼がとった行動は、さらに意表をつくものだった。二日ほど逃げまわって騒ぎを大きくし、いよいよ警察に自首する時、電話帳で調べた読売新聞社に電話を入れ、自分が犯人であることを告げた。約束の場所に駆けつけてきた記者に自分の写真をたっぷりと撮らせ、実母の情報や連絡先を詳細に伝え、それから神田警察署に自首するという段取りを踏んだ。そんな殺人犯の行動を関係者は、精神的に追い詰められて動揺していたのだろうと受け止めた。

横田は裁判でも何も語らなかったが、渡邉にだけは真実を打ち明けた。つまり新聞社への自作自演の垂れ込みは、当初からの計画だったというのだ。なるべく大きな事件を起こし、かつ自分の顔写真入りで報道させ、その犯行を確実に実母に知らせて目一杯の迷惑をかける。つまり事件の動機は母親への逆恨み、または当てつけと言い換えることが出来た。

事実、逮捕の翌日、読売新聞はスクープ扱いで「呼び出した本社記者に語る横田(※仮名に変更)」という説明文をつけ、ジュースを飲む横田の写真を掲載し、大々的に報じている。実母のコメントは掲載されていなかったが、間違いなく連絡は入れただろう。横田のもくろみはまんまと成功したわけだ。一点だけ思惑と違ったのは、記者に延々と述べた実母への恨みが「横田は家庭に恵まれなかった」としか記されなかったことだ。

そんなことまでして彼が得たものは、実は心の奥では求めて止まなかった実母からの謝罪でもなければ、世間からの同情でもない。処刑台送りという破滅的な幕切れだけだった。


「あんた、なんでそこまでお袋さんを怨んだのかね……」

渡邉からの遠慮がちな問いに横田は、「待ってました」と言わんばかりに語り出した。

自分は秋田県に生まれた。四歳の時、父が戦死した。大好きだった母は、父の実家と折りあいが悪く、自分が八歳の時に満州に渡ってしまった。育ててくれた祖父は昔気質な厳格な人で、よく怒鳴られた。誉められたことも抱きしめられたことも一度もない。居心地の悪い家を飛び出しては外で窃盗《せっとう》を繰り返して補導された。すさんだ少年時代、いつも心にあったのは、「いつか必ず母さんが迎えにきてくれる」という希望だけ。自分にとって母親は出て行ったのではなく、仕事に出かけただけのはずだった。そう信じ込んでいた。幼い子どもに、母が自分を捨てたなどと考えられるはずもない。

一五歳の時、親戚の噂に、母が満州で再婚した男と北海道に戻ってきていると聞いてからは、もう居ても立ってもいられなくなった。

「私はもうお袋に会いたい一心で、ほとんど飲まず食わずで秋田から北海道の檜山《ひやま》郡というところまで訪ねて行ったんです。ところが俺の顔を見たお袋は、あたたかく迎えてくれるどころか驚いて、土間から部屋に上がらせようともしませんでした。お前とは縁が切れている、帰ってくれというわけでして。私はあれから本当に荒れました……」

その時のことを語る横田は、幼い子どもが戸惑っているような、何とも言えぬ複雑な表情を見せた。その顔に渡邉は、草履で踏みつけられた道端のタンポポの花を見る思いがした。しかし人間は、枯れてお終《しま》いというわけにはいかない。踏まれても踏まれても、生きていかなくてはならない。

それから横田は上京し、木工所に勤めるも長続きはせず、窃盗を繰り返しては少年鑑別所を出たり入ったりした。実母に二度も捨てられたという現実に耐え切れず、いっそ死んでしまおうと何度も手首を切り、自殺未遂を繰り返した。渡邉は、死刑囚の多くが殺人を犯す前に自殺を試みているのは本当に共通しているなと思った。絶望の果てにその手に握った刃が、自分か相手のどちらに向くかなのだ。

　横田は成人してからも窃盗を繰り返し、ついには二度の実刑判決をくらう。あわせて懲役一〇ヵ月、そして一年の刑務所暮らし。二度目の出所は二五歳の時だった。しかし、もはや行く当てもない。日雇いの土木仕事や中華料理店の皿洗いなどの仕事を転々としたが長続きはしなかった。少年時代に心のどこかにぽっかりと開いた穴から絶えず水が漏れ落ちるように、横田の心は何をしても満たされることはなかった。彼は、一旦レールから大きく外れてしまった自分の人生を、もう一度まともな場所にはめ込むことが出来なくなっていた。

　その年の一二月半ば、二六歳になった横田は再び、一度は追い返された北海道の実母の家を訪ねている。そして家に泊らせてほしいと頼んだ。居場所を失っていよいよ切羽詰まり、実母に甘えようとしたのだが、奇妙に歪んだその甘えが受け止められるはずもない。

　実母は横田を二日ほど泊らせている。だが、彼を受け入れた訳ではなかった。一〇年前、家の土間から追い払った少年は立派な大男になっていて、以前のように簡単には追い返せなかっただけだ。新しい夫との間にはすでに子どももいる。これ以上、長居されては困る。

考えあぐねた実母は、貯金していた一万五〇〇〇円を息子に手渡し、ここから出て行ってくれと頼んだ。いわば「手切れ金」だ。しかし、横田にしてみれば金が欲しかったわけではない。金が目当てなら、わざわざなけなしの所持金から高い旅費を払ってまで北海道に来る必要もなかった。再び、ひとり東京に戻る汽車の中で、母への積年の怨みはメラメラ燃え上がった。

「東京で大事件を起こして、あの女を一生、困らせてやる」

二週間後、大晦日を待って犯行に及んだ。金が欲しかったのでもなく、守衛が憎かったのでもない。そこにあったのはただ、自分に見向きもしてくれない母親への怨みだけ。それも愛情と裏返しの怨みである。だから、ことあるごとに裏と表が見え隠れする。

日々の教誨面接で、横田が口にするのは母への恨みごとばかりだった。四月二三日の日誌には次のように語ったとある。

「先生、子にとって母というのは、他に置き換えることが出来ない存在です。父でも祖父でも優しい叔母でも駄目なんです。植物が固いコンクリの上にも芽を出せるのは愛情があるからで、愛情がないと成長しないまま曲がってしまうんです」

さらに渡邉が差し入れた『昆虫記』を読んだ感想もこう続く。

「先生、昆虫と人間も同じ動物ですよね。あれを読むと虫だって子どもが一人前になるまでちゃんと育てているのに、人間というのは虫ケラにも劣ります。私もあの母さえいなければ、こんなことにはならなかったんですよ」

山から湧き出した水が自然と低い所へ流れ込むように、横田はそうすることが当然と言わんばかりに、自分の人生を覆った不運と不幸の原因をことごとく実母の存在に結びつけようとした。彼の側に立てばそれもあながち間違いではないのかもしれないが、渡邉は、横田の心の中で際限なく膨らみ続ける母への「怨念」を少しでも取り払わなくてはならないと考えた。

自分の右手の障害を罵られて殺人に及んだ大橋の場合もそうだが、死刑囚自身の心の奥底に燃え続ける怨みの炎を消さないことには、平穏はやってこない。自分が被害者であり続ける限り、自ら手にかけた被害者に思いを馳せることなど出来るはずもない。そんな心の状態に「処刑」という形でしかピリオドを打つことが出来ないのだとしたら、あまりに不憫だ。せめて誰を怨むことなく静かな心境で逝かせたい。渡邉は、それが自分の仕事だと思った。

浄土真宗では〝縁〟の存在は大切にするが、〝親の因果が子に報う〟というような考え方はすべきではないと渡邉は言う。人間として深い業を背負っていても、自分次第で人生は変えられる。「因」を超える「力」があれば、「果」は変わりうる。だからこそ、大切なのは〝ただ今〟をしっかりと生きることであり、〝平生業成〟なのだ。横田も今は獄中にあっても、たとえ実母と語り合うことは叶わなくても、彼の心と考え方次第では母との関係に平穏を得ることが出来るはず。渡邉がそう根気強く説いている様子が「教誨日誌」には綴られていた。

八月二二日（火曜日）

最近、まことに元気がない。現在の境遇で自分のすべてが終わると考えるなと言う。

苦悩の中に一生懸命に、なぜ人間に生まれ、人間として生きてきたのか考えなさい。

生きがいというのは、自分自身が見つけ出すものだからと述べる。

「死刑囚の胸中が先生に分かるはずがない。こんなこと先生も経験したことがないでしょう。苦痛は分かると言葉では言うけれど、本当の苦痛が分かるはずがない」

横田は開き直ったように、自分が殺したのは間もなく寿命がくる七〇代の爺さんだった、まだ二〇代の若い自分が殺されるのは割りにあわないなどと当たり散らしたりもした。そんな風に攻撃的になる一方で、度々、物も言えぬほど落ち込んだ。

渡邉は、横田の気分がすぐれぬ時は説教をやめた。代わりに、彼が好きだと言った「讃仏歌」をテープレコーダーで流しては聞かせた。独房で母への怨みが燃えさかる時には、とにかく「落ち着くから写経をせよ」と道具を買って与えたりもした。

そのようなやり取りを繰り返しながら半年もすると、爆発を繰り返していた横田にも、徐々に小康状態が訪れるようになっていく。渡邉に対して吐きだす母への憎しみの言葉の量と、彼が冷静さを取り戻していく時間とはゆるやかに反比例しているように思えた。

一年もすると横田は、自分が手にかけた老守衛に対しても、申し訳なさを覗かせるようになった。妻と子が遺されたことを渡邉から聞かされ、彼らに手紙を書く勇気こそ出なかったが、月命日に進んで読経するようになった。まだ完全ではないものの、ようやく実母への思いに一区切りつけ、自分が犯した罪に向き合おうとしている風に見えた。

横田はこの年、死刑判決が確定したばかりだ。先は長い。この調子ならいずれ実母に対しても穏やかな心を取り戻せるだろうと、渡邉はどこか楽観していた。

五　篠田龍雄の手記

この日もやっと全員の面接を終え、渡邉は日課の日誌をつけていた。またもすれ違いに終わった大橋との面接を思い出してカリカリしながら、いつものように「茶飲み漫談」の文字を記そうとしたところ、思わぬ客が現れた。

「ちょっと近くに寄りましたものでね」

大柄な篠田龍雄の身体が、ドアの向こうからヌッと現れた。

渡邉が教誨師の仕事を引き受けて最初の半年は、業務指導という名目で篠田の隣で見学させてもらったが、それから後は別々に面接を担当するようになっていた。最近は拘置所で顔を合わすのも月に一度の集合教誨の時だけだったので、渡邉は「せっかくの機会」と、わざと憤懣やるかたない様子で篠田に切り出した。

「篠田先生、あの大橋の親父のことですがね、ありゃ本当に茶を飲むためだけに来ておりますよ。せっかくこの世に生を受けたのだから、せめて人間に生まれてきた意味をもう少し内面にえぐりだしてみようと思うのですが、まったくラチがあきませんわ」

「そうか、そうか」

「親父が本気でないのだから、出席をこちらから断りたいと思うのですがどうでしょう？」

篠田はうーんと言って、うつむいたまま何も答えない。渡邉は吐き捨てるように続けた。

「本当に大橋の親父の教誨だけは、わっし、自分は何をやっとるんじゃろう思うて、情けのうて疲れるだけです。もうイヤになりますわ」

篠田は顔をあげると、静かに切り出した。

「例のごとく茶飲み以外に話はなかろうけれど、それとなく命の問題に話を持っていくことは出来ませんかな」

「ありゃ無理です。ただ茶を飲む相手に私らが時間をさく意味もないでしょう。どうでしょう、そろそろ出席を断った方がよろしいんじゃありませんか」

渡邉も一日の面接を終えたばかりで気持ちが高ぶっていたのかもしれない。すると篠田は、じっと渡邉の目を見すえ、ゆっくりと諭すように語った。

「まあね、あなたの一途《いちず》な気持ちも分かりますが、本人もお茶を楽しみにして来て、毎回ああやって休むことなく来ておるんですから。彼の話を聞く、面会する、そのことが本人の悦びを生かしておるとは考えられませんか。そのようなことも、彼らと唯一、面会できるわしらの務めですぞ。あの（※脱獄囚の）山本君も、最初からああいう姿ではなかったでしょう」

渡邉は、篠田の言葉に納得することは出来なかった。

教誨師の仕事は死刑囚の世間話に付き合うだけでよいということか。それでは、わざわざ宗教の勉強を積んできた自分たちが教誨師になる意味などない、話を聞くだけなら民間のボランティアでも出来る。自分は死刑囚の機嫌をとりにやってきているのではない。そもそも教誨は茶飲みの場ではない。そんな感情的な言葉が心に次々と湧いて出た。

しかし、篠田の穏やかな口調はどこか厳しい響きも含んでいて、それ以上、反論できる雰囲気ではないことも渡邉は察していた。しばしの沈黙が流れる。篠田は、渡邉に次の言葉を促すかのように一言も発しようとしない。

渡邉は、今度はその気まずい沈黙を破るための言葉を探らなくてはならなくなった。確かに大橋はもう六〇に近い。大切にしていた妻子とも縁を切り、帰る場所は独房だけ。もはや何の生き甲斐もない。大橋が笑った顔を、何十回と面接をしているが、見たことがあるか。面接を打ち切るというのは少し軽率だったか。しかしだからといって、すぐさま篠田の言葉に「はい、分かりました」と従うのも癪《しゃく》に障った。

「篠田先生がそう仰るのなら、まあ仕方ありませんな、暫く様子を見ますか」

わざと面倒そうにつぶやいて、篠田の視線から逃げるようにして片づけの作業に戻った。篠田もそれ以上、何も言わなかった。渡邉がこの時の篠田の言葉の意味を、頭ではなく心で理解するようになるのは、まだ何十年も先のことである。


篠田龍雄が、自身の体験を「死刑囚の話」と題して宗教誌に寄稿した貴重な文章がある。

彼が東京拘置所に教誨師として正式に登録したのは昭和二九年（一九五四）だが、それまで福岡・直方にいる間、福岡拘置所でも死刑囚の教誨師を務めていた話はすでに書いた。そこで篠田は、何十回となく死刑執行の場に臨んでいる。

篠田の文章には、教誨に臨む彼の姿勢がよく表れている。渡邉にその手記を見せると、篠田は自ら後継者に選んだ自分にも幾度となく同じような内容の話を語ってくれたと話した。やや長くはなるが本人の言に勝るものはないので、その内容を辿ってみることにする（『大法輪』第二一巻第一〇号・昭和二九年一〇月号より抜粋）。

よく、死刑囚教化に關心を持つている方々から、どんな風に教誨しているかとお尋ねを受けることが、再三ある。私は、その都度、『私は、どんな風も、こんな風もないので、そも〳〵が教誨なんて思つてない。たゞ、ともに、話あつているのみです』と答えているようだ。すると、よく、『では、死刑囚と話合つてる時の心境はどうだ』と突つ込んで來られる。その都度、この方々へ、私は、『それは空であります』と答えているが、その時、彼等は解つたような解らないような顔をしていられて、可笑しくなる。今、この『空』のことで、少しばかり、語つてみよう。思えば人生は、ゴタ〳〵している。ことに、大都市のごとき、家はギッシリと詰つているし、人は群がつていて押しあい、へしあいしている。電車の中はどうだ。バスの中はどうだ。朝夕のラッシュアワーのときには、車中では、體あたりをやり、足元は踏みあつている。多くの人々は、いろ〳〵の用事に調いまくられて喘《あえ》ぎ〳〵、その日〳〵を送り迎えている。

是等《これら》の人々が、もし、こんな人生の中で、フト、山に登り、川に遊び、野原に寝ころび、海岸に座る時間を持つと、とても、よい氣持を滿喫するであらう。ここに、空間の味わいが出て來る。刑務所は、教育の場所であつて、報復的な懲罰の處ではないことは勿論である。死刑囚とても、この線に沿うて應對していかねばならないことは勿論である。であるのだけれども、彼等兄弟は、相當な複雑な心境で、一日一日を迎えているようで、その心は、相當の雑念妄想が、ゴタ〳〵していると思う。ところが、この雑念は、刑務所の中を問わず、人の心境は同じものだと信ずる。この複雑な心境は社會人にとつては、山や川等の空觀によつて呼吸を抜くことも出來るが、刑餘の兄弟達、ことに、死刑囚にとつては、もう、到底惠まれないことであらう。すると、彼等には『空』の世界を與《あた》うべきであらう。だから、彼等死刑囚に接し、いやしくも、教誨をしようとする者が、彼等の前に、偉大な空間を展開し得なかつたなれば、到底、教誨の目的は達せられないのだと思う。

つまり教誨面接では、二度と外の社会に出て気分転換すらすることの叶わぬ死刑囚たちに、精神的な広がり（空間）を与えるよう努めるべきだという。茶を飲むことにしか興味を示さず、まともに語り合おうとしない大橋の教誨を打ち切りたいと渡邉が相談した時、篠田が渡邉に言い含めた言葉の背景が、この手記には徐々に見えてくる。

文中で篠田は、あるエピソードを紹介していた。他の拘置所から秘密裏に死刑囚が移送されてきた時のことだ。その男が廊下を通りかかったのを一目、見ただけで、ある死刑囚は「先生、あれは死刑囚だゾ」と言ったという。死を間近に控えた人間というのは全神経を集中して日々の出来事を観察している。男が放つ臭い、雰囲気から彼もまた自分と同じ立場にあることを瞬時に感じ取ったのだろうと篠田は推測していた。だから、「邪念はたゞちに見抜かれてしもう。（略）ジックリしない野郎だナー」と思われれば、「百日の説教もおナラ一發で終幕を告げることになる」と自らのふんどしを締めなおしてもいる。

　では、そのように全身の神経を研ぎ澄ましている死刑囚にどう向き合うべきなのか、篠田の手記はこう続く。

　邪念を持つていたのでは、彼等の前に、堂々と坐つたとき、兄弟たちは、その空氣に壓倒《あっとう》されて、慰さめられるどころか、反對に、ゴタ〳〵とした心境に苦しめられて來るだらう。だから、宗教者は、これらの妄念を去つた空間の心境を、彼等の前に展開するのでなかつたなれば、到底教誨の目的を達することは出來ないと思う。

　三四年前の福岡刑務所の荒巻所長は、音樂を盛んに獎勵され、所內には樂團も出來ていて、各支所までも慰問に出張しておつた。そしてそれは、相當に成功していた。自分は、音樂を聴くことは、少なくとも、その時に、空間を恵まれたことだと思つて、善いことをして下さると思つた。自分で歌を唱い、自分が音樂にとけこんでいる時、その人の心の上の妄念は影をひそめ、空間に恵まれていて、實に嬉しい一時であると思う。このように、宗教教誨も、彼等兄弟に、一時の空間を與え得るものでなくてはならない。そのいくつもの音樂會のある時のことであるが、全死刑囚が、廊下に腰掛を置いて、それに、ユッタリと腰をかけ、その側に、所長・教育課長・看守、それに、私も交わらしていたゞいて、兄弟達のノド自慢を聞いたことがある。流石《さすが》に上手であつたが、私は、いつのまにか、フラリ〳〵と眠りに落ちてしまつた。そして、死刑囚の笑い聲で、突然眼があいた、見ると、看守や、死刑囚の四五人が私の前横に突つ立つて笑つていられる、死刑囚の一人が『ボンヤリしているとバラしますぞ！』と笑つて、私を揶揄《から》かつた。私も、自分ながら、おかしくなつて、『すまぬ〳〵』と笑いこけた。

だが、この時の私のボンヤリ姿は、非常に彼等に好感を與え、死刑囚と教誨者としての私との兩者の隔りを、空じてしまつて、いよいよ兄弟感を深めたようである。こんなところに、佛教で云う『空じる』と云う空觀哲學の價値があるのだと思つた。

死刑囚のノド自慢を拘置所の幹部らが揃って聴いているというのだから、現在の厳格な管理体制とのあまりの相違には驚かされるが、それはさておき、美声を競う死刑囚を前に居眠りする教誨師、それを見つけてからかう死刑囚という〝空間〟。死刑執行に至るまでの長い牢獄生活のほんの一瞬ではあろうけれど、この何気ない空気の中に、篠田は教誨師として死刑囚とともに時間を重ねることの意味を味わっている。

篠田の手記には、若き渡邉が一生懸命取り組んでいる真宗の教えを諭すことや、経典の読み方を指導するといった宗教上の事々は全く出てこない。

普通の人間でもそうであるが、餘《あま》りにも忙しいため、右往左往して、身心に空間を持つていないと、ほんとうの判断を見失つてしまうものである。そして、人生に錯覺を起す。たとえて云うと、汽車の驀進《ばくしん》中、眞下を見ていると、下のまるいバラスが、數十本の直線と化現しているようなものである。よつて、忙しい都會人ほど、とき折には、公園に行つて、ボンヤリとした空間を持つように努力せねばならない。

死刑囚たちに、佛の慈悲や、神の愛を説いて冷たい心をあたゝかく生かすことも大切であろうが、その根本に、この空観思想がなかつたならば、決して、心は暖まらない、と思う。

刑務官の中には、『宗教教誨は、佛様や、神様の話だけしておけばよいのだ。その他のことは、話すことはならぬ。また、聞くこともならぬ』と云われる方もあるようだが、それは、どうであろうか。彼等の腹の中や、頭の中には、雑然として、色々の妄念妄想が蟠踞していることは確《たしか》だから、死刑囚の口からその怪物を吐き出させ、思うている腹の中を空にする機會を惠んでやつてこそ、始めて、母のような教誨といえるのではなかろうか。

　幼い兒が他所で泣かされて歸つて來ると、お母さんはその譯を尋ねる、すると、子供は始終を告げる。そして、告げ終ると泣き止んで寝込んでしまう。これは、子供の腹が空になつたからなのである。昔の人も『思うたことを云はないのは、腹の張る手術なり』と云つているのは面白いことだと思う。だから、教誨の根本は、彼等死刑囚達に、空間の悦びをあたえると云うことを根本とせなくては、到底、教誨の目的を達するものでないと云うことを、私は高調したい。

死を待つばかりの独房でムクムクと膨らんでいく妄想を言葉にして吐き出させるこ

との意味を、篠田は母子の関係を用いながら説いている。

手記は一貫して、教誨では、ありがたい宗教の教えを説くことよりも、相手の話をじっくり「聴く」ことが肝要であると訴えていた。「聴く」ことによって初めて、本来の教誨の目的に近づくことが出来るという。浄土真宗が「聞」を大切にする教えであることはすでに書いたが、仏教でいう「聞即信《もんそくしん》」という言葉は、篠田の教誨の様子によく表れている。

篠田の家族によると、生前の篠田はことに〝命〟を大切にすることにおいては、やりすぎと思えるほどに原則を貫こうとしたという。人間や動物の命を大切にするのはもちろんのことだが、篠田は境内の庭木の枝一本、切ることを許さなかった。そのため樹木が伸び放題になり、境内がうっそうと暗くなることがしばしばあった。安全や利便性から、いよいよ剪定《せんてい》しなくてはならなくなった時は、家族は篠田の怒りをかうことを承知のうえで事前の承諾を得ずにバッサリやった。後から平謝りする手間はかかるのだが、切ってしまえば元には戻せない。

木の枝はまた伸びるが、一度失ってしまった命は二度と取り戻すことが出来ない。生きることの尊さを身をもって体験し痛感してきた篠田が、教誨師という任務、そしていかなる理由があるにせよ人間の命を絶つ死刑という制度について心中どのように考えていたのか。先の手記には、掲載前に「福岡矯正管区」の検閲を受けたことも記されている。それが理由かどうかは分からないが、自ら面接を重ねた相手を処刑しなくてはならないことへの苦悩や葛藤を、篠田は語っていない。

そのことへの手がかりを得ることはかなわなかったが、教誨師の物語の核心は登場人物を渡邉普相に替えて、これから始まることになる。

六　予兆

その日の午後、珍客がやってきた。

ゆっくりとしたノックに渡邉がドアの方へと視線を送ると、看守部長に伴われて拘置所長が入ってきた。いわゆる「所長巡回」だが、珍しく事前の通告はなかった。突然の来訪者に渡邉は愛想で笑顔を作ろうとしたが、うまく笑えなかった。

一方の所長は「緊張するな」と言わんばかりのにこやかすぎる笑顔を浮かべ、「どうぞ、そのまま続けて下さい」と促した。そして部屋の隅から遠慮がちに教誨面接の様子を見守っていた。しかし、「どうぞそのまま」と言われても具合が悪い。招かれざる客を前に、下手な芝居をさせられているような気分にさせられた。

そんな居心地の悪い時間も五分ほど。所長は思い出せもしないようなありきたりな世間話をして引き揚げていった。所長巡回は年に一、二度は行われることになっていて特別な意味があるわけではない。だが、たまの巡回に当たった死刑囚は運が悪い。

この日、ババを引いたのは木内三郎だった。文字を練習している木内が選ばれたのは偶然ではないことを渡邉はすでに察していた。

数日前、廊下で顔を合わせた看守部長から、木内の最近の様子を詳しく聞かれたことがあった。渡邉は、木内が最近、処刑されるまでに自分の家族と事件にかかわった人たちにお詫びの手紙を送り、仕上げに自分の遺書を書くことを目標にする気持ちでいることなどを報告した。看守部長は、字の練習を熱心にしている木内の面接であれば見た目に分かり易く、巡回にも格好が付くと考えたのだろう。ここで働く職員たちは、寄せられる情報を何ひとつ無駄にしない。

しかし当の木内にとってはいい迷惑である。気の小さな大男は気の毒なくらいしょげ返ってしまった。ひらがなの練習も上の空。無理もない、死刑囚が所長に直接会う機会は三つのケースと決まっているからだ。
一、死刑判決が確定した時
二、たまに開催される昼食会

三、執行の時

つまり、拘置所長は自分を処刑する側の親玉だ。死刑の執行を前に自分の様子を見にやって来たのだろうかと勘繰らされては、気分がよいはずもない。

「所長さんは教誨の視察に来ただけだよ。木内君、あんた何の心配もいらんよ。まだまだ他に大先輩らが沢山いるだろうが」

そう慰めてはみたが、木内は「今日はもう帰りたい」と言いだして、文字の練習はほとんど進まなかった。

その後も面接は続いた。この日も色んな顔が通り過ぎていった。しかし渡邉の脳裏からは、所長の努めて三割増しだった笑顔の残像が消えなかった。いつも笑わない人が笑うというのはどこか嫌な感じで、胸騒ぎがした。それは虫の知らせだったのかもしれない。

ふと見ると、時計は午後四時を少しまわっていた。

最近、教誨面接が長引くことが増えていて、午後四時半前には始まる夜の配当（夕食を独房に配ること）の時間に遅れる者がいることに、配当担当の刑務官から再三、教育課を通して苦情が寄せられていた。いずれは処刑されてしまう死刑囚への教誨など時間潰しくらいにしか映らないのかもしれない。時計の針を確認し、今日はなんとか早めに面接を切り上げることが出来たとホッと息をついた矢先、廊下からカツカツと忙《せわ》しい足音がボリュームを上げて近づいてきた。

「渡邉先生、お帰りの前に所長室へお寄り下さい」

馴染みの刑務官の声が、どこか他人行儀だ。こんな時間に所長室とは何かある。ここで「何か」といえば選択肢はそう多くはない。

渡邉は机の上に広げた荷物を急いで鞄に投げ入れて、刑務官について本館二階奥にある所長室へと向かった。いつもは口数の多い刑務官がこちらを振り返ろうともしない。無言の背中は、かえって何か言いた気だ。窓から差し込む西日はすっかり傾いていて、廊下の隅々に生まれた影をよけい濃くしていた。右手に提げたテープレコーダーがいつになく重い。

渡邉が所長室に入ったのを最後に、重い扉がバタンと大きな音をたてて閉められた。まるで二度と出ることの出来ない独房に閉じ込められたような気がした。

部屋の奥にあるソファに、役者はそろっていた。師匠の篠田龍雄、平素から死刑囚の世話にあたっている教育課の課長、刑務官の親玉である管理部長、そして顔なじみのキリスト教の教誨師らもいる。みな神妙な面持ちで、こちらに視線を合わそうともしない。

渡邉が着席すると、所長はドアがきちんと閉められているのを黙って確かめた。昼過ぎの笑顔はもうどこにも見当たらない。所長は冷静を努めるような口調で切り出した。

「皆さん、東京拘置所で死刑の執行が再開されることになりました」

なんの前置きもない宣告だった。

「法務大臣の執行命令がいよいよ下りてくる予定であります。各々心して臨んで下さい」

所長の言う死刑の「再開」という言葉には、ある事情があった。

東京拘置所は戦後すぐにＧＨＱに接収され、〝世紀の戦犯裁判〟で裁かれた被告人たちが勾留されたことはよく知られている。「巣鴨プリズン」という名で呼ばれたその時期、Ａ級戦犯とされた七人を含め六〇人の死刑囚が絞首刑に処せられた。そのような厳しい時代を経て、昭和三三年（一九五八）に再び日本政府に返還されたのだが、暫くして重大な問題が発生した。

死刑執行の度に使ってきた絞首台が、使えなくなったのだ。

どこがどう老朽化したのか、戦犯の大量処刑で何かが壊れたのか、正確な記録は見当たらない。いずれにしても、東京拘置所は死刑囚を収容する国内の一大拠点でありながら、刑場が存在しないという奇妙な事態に陥った。

しかし刑場は無くとも、司法の場では次々と死刑判決は下されていく。ひとたび下された死刑判決は執行されなくてはならない。そういう事情で東京拘置所では、法務大臣から死刑執行命令が下される度に、刑場のある宮城刑務所まで死刑囚を汽車で押送《おうそう》することになった。執行前日の午前九時五〇分、上野発の常磐線「みちのく」が多く使われた。だからここの住人たちは死刑執行のことを「仙台送り」と呼んで恐れている。

ところが、その「仙台送り」も昭和三八年七月以降、どういうわけかパッタリ途絶えていた。執行がなくなって、もう三年以上。一向に再開されない死刑執行に、死刑囚の間では「日本もいよいよ死刑が廃止されるのではないか」という噂話まで囁かれるようになっていた。

無論この間、大阪や福岡など他の拘置所では順々に死刑は執行されており、死刑廃止など夢のまた夢なのだが、当時は死刑執行の事実が公に発表されることはなく、彼らがその情報を知る術《すべ》もなかった。

そして渡邉自身も教誨師になってから七年が過ぎていたが、そういう事情で実際の死刑執行の現場には一度も立ち会ったことがなかった。執行を肩代わりしていた宮城刑務所には専属の教誨師がいるので、平素から死刑囚の教誨にあたっている渡邉であっても、東京から同行することは許されないと聞かされていた。また「仙台送り」の予定が事前に知らされることもなかった。それが行われた後、いつものように東京拘置所に教誨に行くと、だいたい部屋には担当の刑務官がひとりで待っている。そして事務的に申し送りがされた。

「○○は先日、仙台に移送されました。すでに執行済みであります」

つい数日前まで何年間も対話を重ねた相手が突然、いなくなるのである。渡邉にとって、もはや赤の他人とも思えない顔馴染みの不在は、どこか空虚なものを感じさせた。しかし正直に告白すれば、彼らの最期に立ち会わずに済む。だから彼らが「処刑された」という現実味もあまりない。目の前から突然「いなくなった」だけで、暫くしたら帰ってくるような気すらした。

もっと正直に言えば、日々の教誨でも「こいつの最期を自分が見届けるのだから」という悲壮な気概を持たずに済んだ。渡邉には、どこか逃げ場があった。振り返れば、この頃までが曲がりなりにも教誨師として過ごせた穏やかな最後の時間だった。

実は、この「仙台送り」にかんする渡邉の回想とは異なる事実が、この度の取材で、直方で篠田龍雄住職に長く仕えていた僧侶の口から語られた。篠田は何度も、仙台まで死刑執行の立ち会いに通っていたというのである。直方の寺に帰って来ている時に、宮城の仙台拘置支所から電報が届くことがしばしばあった。その度に篠田は急遽《きゅうきょ》、地元でのすべての仕事をキャンセルし、直方を出て東京を通り過ぎ、遥か仙台まで駆け付けていたという。先々代のその姿は強烈に目に焼き付いていて、自分の記憶違いではないと僧侶は断言した。

この事実を、渡邉は一切、知らされていなかった。推測の域は出ないが、篠田は教誨師になって間もない渡邉を執行に立ち会わせるのは時期尚早と考えていたのかもしれない。

当時はそんなことを知る由もない渡邉にとって、所長の「死刑執行の再開」を告げる言葉は、覚悟していたとはいえショッキングなものに違いなかった。所長によると、東京都内にすでに新しい処刑場が完成した。刑場の設置場所は、ここ西巣鴨ではなく、近い将来、東京拘置所が丸ごと移転することが計画されている小菅《こすげ》刑務所だという。小菅に完全に引っ越すまでまだ数年あるため、その間に執行がされる時には、死刑囚を西巣鴨から小菅まで車で移送することになる。つまり、「仙台送り」が「小菅送り」になるということだった。

渡邉は平静を装いながらも、奇妙な緊張がピリピリと背中に走るのを感じた。足元がザワザワして力が入らない。

そもそも死刑執行への立ち会いは覚悟のうえで引きうけた仕事だ。その日のために日々の面接を重ねてきたのだ。今更、ビクついてどうする。そんなことを思いながらも無意識のうちに「最初は誰か」と、今朝から教誨室で向き合った死刑囚たちの面々が浮かんでは消えた。

大橋がどんなに茶飲みに時間を費やそうとも、カウがどんなに養老院の計画を喋ろうとも、「もう時間がないのだぞ」とこちらの事情を知らせるわけにもいかない。木内に、「急がないと漢字の練習が終わらないぞ」と言えるはずもない。次回の面接で彼らに普段どおりに接することが出来るのか、渡邉は不安にすら思った。

「いよいよ、ですな……」

静まり返った所長室で、篠田が溜息混じりにつぶやいた。誰もそれに答えなかった。

七　再開された死刑執行

所長の宣告から数週間後、それはついに動き始めた。

昭和四一年四月一日、金曜日。約一六年ぶりに東京拘置所での死刑執行が再開された。執行人数は二人。いずれも浄土真宗の教誨を受けている者ではなかった。そのため渡邉も、立ち会わずにすんだ。

しかし、たとえ教誨の宗派は違えども、みな同じ四舎二階で寝起きをともにする者たちである。屋外での日々の運動、数ヵ月に一度の死刑囚総出の野球大会や昼食会で、互いの名前や性格も知りつくしている。執行再開のニュースはすぐに全員に知れ渡るところとなった。

その衝撃は、ここで誰よりも熱心に浄土真宗を学ぶ冷静沈着な脱獄囚、山本勝美をも動揺させた。

山本は、執行が再開された直後はそれについて触れることもなく、思いのほか落ち着いているように見えた。しかし翌月の面接で、山本は思いつめたような顔をして遺言書類を持参した。遺書は三通あった。母、弟、そして被害者の妻に宛てて書かれていた。それを順番に渡邉に見せた後、山本は大きな溜息をついて言った。

「先生……。私は最近、これから自分が死ぬということと、『歎異抄』の第九章との関係について色々と考え、悩んでおります」

山本の言う『歎異抄』第九章には、次のようなことが書かれている。


〈……浄土にはやく往生したいという心がおこらず、少しでも病気にかかると、死ぬのではないだろうかと心細く思われるのも、煩悩のしわざです。果てしなく遠い昔からこれまで生れ変り死に変りし続けてきた、苦悩に満ちたこの迷いの世界は捨てがたく、まだ生れたことのない安らかなさとりの世界に心ひかれないのは、まことに煩悩が盛んだからなのです。どれほど名残惜しいと思っても、この世の縁が尽き、どうすることもできないで命を終えるとき、浄土に往生させていただくのです〉（『歎異抄』現代語版より）

山本は続けた。

「私にも執行の時がきます。親鸞聖人が仰るように娑婆の縁がつきようとしているのでしょう。しかし頭でそう思おうとしても、やはり一日でも長くこちらにいたい。一秒でも生きていたい。しっかり罪を償って喜んで阿弥陀様のいる浄土へ行くことなど、今の私にはとても出来ません」

　渡邉は返答につまった。

　それは、これまで山本が幾度となく浴びせかけてきた教義にかんするどんな質問よりも難しかった。山本は一般論の「死」ではなく、もはや近くに迫りくる自身の「死」に正面から向き合い、苦しんでいる。かつて原爆に焼かれ、「死」から必死で逃れようとした自分と同じように、山本も今、痛烈に「生きながらえたい」と願っている。

　山本が使った〝娑婆の縁〟という言葉——。親鸞聖人はこう語っている。

〈なごりおしくおもえども、娑婆の縁つきて、
　ちからなくしておわるときに、かの土《ど》へはまいるべきなり〉

　誰だって死にたくない。この世にはまだすべきことも、心残りも沢山ある。愛する者を残してひとり去るのは名残惜しく、あきらめることなど出来ない。「生死を超越した」とか「立派な死」などと言葉では簡単に言うけれど、生身の人間はそうもいか

ない。何が何でも生きたいと願い、娑婆の柱にしがみついて離れようとしない。しかし、その柱を摑む手もいよいよ力つきた時、ついに浄土へ参るという。

故郷の父もそうだった。夜通し苦しみもがき、「殺してくれ」と言いながら、その手はまるで生への糸を摑もうとするように何度も何度も空を掻《か》いた。そうして、その手を動かすことも叶わぬほどに力が尽きた明け方に、父は逝った。

だが、山本にやってくる死は、それとは違う。彼は今、確かに生きている。若さに溢《あふ》れる肉体も、心も、娑婆の縁を摑もうとするその手も、生きる力に満ち満ちている。そんな山本が不自然な形で娑婆との縁を切らなくてはならない理由はただひとつ。彼もかつて、同じように生きる命がまだ十分に残されている生を無残にも奪い去ったからだ。その報いとして、この苦しみに耐えなくてはならない。それは彼に残された唯一そして最後の使命でもある。

しかし、そんなことは誰よりも山本自身がよく自覚している。渡邉は山本からの投げかけに何の返答も出来なかった。二人の間を決定的に隔てている机、その上の傷一点を見つめて押し黙るしかなかった。

ただ、この時の山本は渡邉に答えを求めている風ではなく、むしろ自分自身に問いかけているようでもあった。幸い、普段は滅多に家族の話をしない山本が、この日ばかりは色々と打ち明けて場は繋がった。

この世の一番の未練は、実家に暮らす弟のことだという。家族の風景はいつも暗かった。年が離れた弟は小さい頃から病弱で、いつも山本を頼ってまとわりついていた。頑固な職人だった父は酒を飲んでは子どもたちによく手を上げ、長男の山本にはとりわけ辛く当たった。しかし山本は、自分はどんなにやられても、弟のことだけは身体を張って守ってやった。自分の運命を変えた〝酒癖〟は、誰よりも毛嫌いしたその父親譲りだったとしたら皮肉なものですと、自嘲気味に付け加えた。

死刑判決が確定するまで、弟は母と二人で面会にもよく来てくれた。しかし最近はもう二年以上、姿が見えないという。母に尋ねると、入院が長引いているからと言葉を濁した。山本は死刑囚となった自分が、社会で真面目に生きている弟にかけているであろう多大な迷惑のことを察していた。それでも自分の命が短くなる分、弟に寿命を分けてやれないものかと真剣に願っていた。そんな話に、渡邉は黙って耳を傾けた。

それからの山本は、自らの内に湧き出てくる煩悩を振り払おうとするかのように一層、写経と読書に打ち込むようになった。

いつ執行されるか分からぬ身には一日、一日が勝負だ。その猛烈ぶりは、体を壊すのではないかと心配するほどだった。教誨の回数も、現在の週に二回から三回に増やしてほしいという。彼の問いに、気の利いた答えも示してやれない自分である。せめて面接の回数を増やすくらいはと思ったが、正直なところ寺の副住職の仕事もあり手一杯だった。だが今回ばかりは、山本は頑として引き下がらなかった。

「先生、私には、時間がないのです！」

そう詰め寄られ、断ることは出来なくなった。手が回らない時には師匠の篠田にも担当してもらい、希望通り週に三度の面接を設けることにした。

死刑囚たちはみな「次はいつか、次は誰か」と動揺していた。ピリピリとした張り詰めた空気が漂う中で、刑務官もこれまでになく緊張して警備にあたった。教誨師である渡邉も面接の一言一句、いつも以上に神経を使わされた。

だが、〝茶飲み親父〟こと大橋光宏だけはたったひとり、執行の再開について一言も触れようとしなかった。いつものように動かぬ右手をぶらぶらさせて部屋に入ってきては世間話をつまに茶を飲み、「うまい、うまい」と羊羹を食い続けた。

みなが些細な一言にも敏感になっている中で、以前はイライラの種だった大橋との面接は、逆にホッと息をつける一時となった。この時ばかりは救いにすら感じられた。渡邉がそんな風に大橋との時間を受け止められるようになったのは、もうひとつ別の事情もあった。

篠田から「相手の話を聞くことも大切な仕事」とピシャリとやられてから、渡邉は大橋の世間話に耳を傾け、会話をするよう努めた。なるべく「ウンウン」と相槌を打って話を聞く。イラッとしたら、大橋の妻子のことを思い浮かべて気を静める。すると、たったそれだけのことで会話が弾むようになるから不思議だった。大橋との間に流れていたギクシャクした雰囲気はいつしか消え、若い僧侶を皮肉る彼の憎まれ口も聞かれなくなって久しかった。

篠田が言うように、独房という狭い世界で明日をも知れぬ命を抱える死刑囚たちは、あらゆる五感を研ぎ澄ませて生きている。相手の心の動きには殊《こと》に敏感だ。大橋もまた、これまでどこか自分を見下していた若造の態度が変わったことを感じとっていたのだろう。人間と人間の関係は、まことに合わせ鏡のようだと渡邉はしみじみ思った。

この年の最後の面接で、それまで宗教のことを馬鹿にしていた大橋が、こんな言葉を残していったと渡邉の日誌にはある。

「先生さん、今、起きていることはすべて自分がしたことに原因があるんでしたね。親鸞さんの〝平生業成〟は、今が大切ということでしたね。今を生きるのも大変だけど、人間、明日の天気予報は分からぬけれど、今日の天気は分かる、これが浄土真宗の教えですね」

渡邉は、大橋も平静を装っていただけで不安だったのだと瞬時に悟った。

「そうです、そうですとも！　〝ただ今、ただ今〟と今を生きていけばよいのです。大橋さん、どうかよい年をお迎え下さいよ！」

大橋は小さな笑みで渡邉に応え、部屋から出ていった。初めて見た笑顔だった。最近は妻子とも連絡が途絶えていると聞く。月日の流れは、事件の辛い記憶とともに、かつての家族の絆すら薄めていっているのか。すっかり白髪頭になった初老の後ろ姿を見送りながら、渡邉は思った。世間話でも何でもいい、残された時間の限り精一杯、彼の話を聞こう。篠田の言葉が、ほんの少しだが実感として胸に落ちた。

そんな大橋とは対照的に、執行再開の報せに一番、動揺したのは、やはりその巨漢に似合わず木内三郎だった。執行翌日は文字の練習も手につかず、質問攻めだったと日誌にはある。

四月二日（土曜日）

刑の執行が再開されて相当に動ヨー（※動揺）している様子。先日は「早く裁判が確定した方がよいと言ったが、あれは取り消します」とのこと。執行はどうやるのか、色々と尋ねてきた。

「先生、処刑の際にバタバタしないよう覚悟を固めたいのですが、どのようにすればよいでしょうか」

木内はまったく落ち着かない。

「お前さん、まだまだ心配するに及ばないよ。こうして私がついておるじゃないか。人間はみな死刑囚だ。皆いつかは死ぬ。残された時間を大切にするしかないではないか」

そう言うと今度は、前々から処刑台が完成していることを渡邉が教えてくれなかったと、こちらに矛先を向ける。

「先生は文字は教えてくれるのに、大切なことは教えてくれない。とても不親切な人だ」

そう言って、子どものように両の頬をぷくりと膨らませた。教誨を受けるようになった頃の木内は緊張のあまり言葉すらまともに出なかったものだが、今ではすっかり打ち解け、そんな軽口までたたくようになっていた。

「先生、私は体が大きくて硬いので、遺体の後始末は大変なのではないでしょうか」

大真面目に心配する木内に、渡邉は「お前は本当にネジが外れているな」と笑って返した。すると、ようやく木内の顔にも笑みが戻った。

木内のこの一年を振り返れば、ひらがなの練習も随分と進んだ。七月からは小学校二年生の読本を使っていて、いよいよ漢字の書きとりも始まる。もともと知能が劣っているようだから漢字は駄目かもしれないと思っていたが、知能が問題なのではなく、両親や教師ら、この男に根気よく向き合った者がこれまで誰もいなかっただけなのかもしれないと渡邉は思った。その「たったひとり」との出逢いにすら恵まれない人生を不運と片付けるのは、何ともやりきれない。

実は、木内が習い始めたばかりのひらがなで、家族に宛てて書いた手紙が残されていた。木内の事件についてルポした『死刑台への逃走』（長部日出雄・立風書房・昭和四四年）の中で次のように紹介されていた。

〈いまのわたくしは「じょうどしんしゅう」にはいりまして、「しんらんしょうにん」のおしえをうけています。ぼくもなぜもっとはやく、このありがたいおしえをうけていなかったかとざんねんでなりませんがこれからでもおそくないとおもい、いっしょうけんめいにべんきょうしております〉

〈わたくしもじけんをおかしましてからもうあしかけ四ねんになりますが、どうやらことしの三、四月ごろにはサイバンもおわりそうです。そうすればいよいよしけいかくていとなり、いつしゅっこう（※執行）されるか、わかりませんが、いまのじょうたいでいけば、まだ一ねんぐらいはいきていられそうです。いままでこうして、いきていられただけでも、しやわせだとおもいます、あのとき、たいほされたときのことです、あのときおそかったら、もう、とっくにしんでいたわたくしです。ただいまのように「しゅうきょう」のべんきょうができるだけでも、しやわせだとおもいます〉

〈いまは、くるしみや、かなしみが、たえず、きれない、せいかつでは、ありますが、それにも、だいたいなれまして、いまは皆とげんさい（※現在）、あたえられた、せいかつの、中に、ある、ほんの一ぶの、たのしみを、いかして、毎日を、おくって、おります。

心のどこかには、いまも、くるしみは、あれども、べんきょうを、したり、「しゅきょう（※宗教）」をまなんできました。おかげで、いまは、いまなりに、たのしさをさがしては、あたえられただけの、あかるい、せいかつを、おくって、います……〉

ルポによると木内は、次のような短歌まで詠んでいる。渡邉は、短歌は教えていない。短歌には「とも」という言葉が使われている。恐らく彼の面倒をみていた脱獄囚の山本勝美や三鷹事件の竹内景助らが教えてやっていたのだろう。

〈ごくそうより　うんどうじょうにふるあめを　ながめてなげく　われとともらよ〉

渡邉が持ちかけて始めた字の練習が、家族や親戚との通信に生かされていたのは間違いないようだ。同書の中で長部は、逮捕されるまで文字が書けないコンプレックスを抱えていた犯人に一体どんな変化があったのかと疑問を記している。また、東京拘置所で彼と面会した叔父の話として、「まえよりもふとって、何か悟ったように、澄みきった表情をしていた」と紹介し、死刑囚の獄中での生活とはどのようなものかと不思議がっていた。そのことへの答えが、ここにある。

この本を渡邉に手渡すと、彼は「ああ、ああ」と何とも言えぬ声をあげながら、文中の手紙を目で追っていた。今では遠く手を離れてしまった我が子の成長を振り返るかのような、少し寂し気な笑みが浮かんだ。

そんな木内だが、渡邉にだけは素《す》の姿を見せていたようだ。時々、教誨室で駄々をこねるように叫んだという。

「先生、セックスがしたくてたまらないよう！」

強姦殺人罪を背負った若者の言葉はとても笑えるものではなかったが、「大の男が独房にひとりいるのだから、この種の話は木内だけにとどまらないんですよ」と渡邉は苦笑いした。誰だったか名前は思い出せないというが、その死刑囚はとにかく女の手触りが欲しいと、自分の薄手のTシャツの布を女性用のシュミーズの形に切り刻み、下着としてこっそり身につけていた。

「先生、これ見て下さい。女が欲しくてたまらないんです」

そう言って両手で大切そうにお手製のシュミーズをさすっては夢想にふけってい
た。品の悪い冗談どころか、真剣そのものだ。そんな時、「そんなことを言ってはな
らない」などと叱っては絶対にいけないと渡邉は言う。性欲は人間の欲望の中でも最
も大切なもののひとつで、そもそも否定すべき事柄ではないからだ。

欲望とは、人間が前に進むためのエンジンにもなれば、人生を狂わす魔物にもな
る。欲望を厳しく閉じ込めて妄想の世界に追いやれば、それは魔物に姿を変え際限な
く膨らんでいく。人の命を奪う事件の多くは、そんな頭の中の魔物が暴走して始まる
ことが少なくない。

木内の事件も、自分の内に処理しきれない欲望が酒の力も加わって爆発した挙句の
ことだ。人間にとって当たり前の欲望が、制御のきかない魔物に姿を変えてしまう前
に、どこかで適正に処理したり発散させてやらなくてはならない。

死刑囚の性欲について考える時、渡邉はいつもある風景を思い出した。

広島で被爆して、田舎に帰ろうと焼け野原の広島駅のホームに立った時のことだ。

駅の東側一帯には「東練兵場」とよばれる陸軍の広大な基地があって、そこで戦争も
終わったというのに何度も何度も爆発音が鳴り響き、その度に大きな真っ赤な火柱が

上がっていた。周りの人の話では、占領軍が来る前に倉庫にある爆弾をすべて処理しようと、陸軍が火をつけてまわっているということだった。

——火薬は詰めこむとものすごい爆発力を起こすんです。あの時も、ものすごい火柱が上がっておりました。人間の欲望と似てるんです。睡眠欲、食欲、性欲、財欲、名誉欲。その欲望は絶対に否定しちゃいけない。いずれも人間が生きていくために大事なもんなんです。お釈迦様も欲望が駄目なんて一言も言ってない。ただ自分が持っておる欲望をよく調御《ちょうぎょ》する、調御丈夫《じょうぶ》という言葉があって、抑圧せずにコントロールしていく、と。火や水と同じように絶対に必要ですが、多すぎると火事になったり洪水になったりする。人間の欲望もよく調御しないと、それによって事件が起こり、自分自身が苦しみ、まわりの人を巻き添えにしていく。

死刑囚の話を聞いててね、ああ、あの時の火薬と同じだなと思ってね。彼らも普段は真面目で大人しいのが多いんですよ。本当に悪いやつは、人を殺して自分も死刑になんかなりません。だけど欲望や感情に色んな偶然が重なって一瞬にして火がついて爆発してしまう。その爆発を起こさんようにすることを考えんといけんのんですがね……。

　木内が辛そうにセックスの話を持ち出す度に、渡邉はあえて明るく答えた。

「そうか、そうか。あんたも、そんな立派で丈夫な身体をもてあまして気の毒なことだなあ。だが私も、ここに女を差し入れするわけにも、出前を取るわけにもいかんしなあ」

　すると木内は、実は対処法があると小声で打ち明けた。

「先生、コツがあるんです。なるべく運動の時にしっかり汗を流して、朝夕は背筋を伸ばして大きな声で読経をするのです。すると何だか落ち着いてくるから不思議なもんですよ」

　大切な秘密を教えてやるかのような、もったいぶった大男の口調に渡邉は苦笑した。


　昭和四一年（一九六六）の暮れも押し迫った一二月二六日、月曜日。暫く面接を休んでいた三鷹事件の竹内景助がやってきた。

　蒼白な顔色で足元はふらつき、目の焦点も合っていない。独房でヨガの行に励み、規則正しい生活を心がけていた竹内が、最近ことに弱っていた。この日は呂律《ろれつ》まで回らない。

「頭、割れ、そうで……」

机につっぷすようにして両手で頭を抱え込み、顔を歪ませている。痛みのせいなのか、ひとつひとつの言葉がうまく繋がらない。食事もとれないのだろう、頬骨の形がくっきり浮き出るほどに痩せこけていた。今月に入ってから持病の頭痛はどんどんひどくなっているようだった。「教誨日誌」によると、この日やっと言葉になったのは、「淋しい……」という一言。そうつぶやいて竹内は、涙を流した。

四舎二階に暮らして一六年にもなる古参の竹内だから、今さら拘禁反応（狭い独房に勾留される者が心身の調子を崩してしまう症状）でもなかろうと思った。少し前に竹内が、近くの房に入ってきた新入りが壁を叩くのでうるさいと、盛んに喧嘩していると他の死刑囚から聞いていたので、渡邉はいつものイライラが溜まって心のバランスを崩しているのだろうかとも思った。

「竹内さん、色々考えると体にくるから、少しゆっくりしてはどうでしょう。腹の立つことも〝忘れ勝ち〟ですよ。馬鹿になって忘れた方がよいです。悪い感情が溜まると病気になりますから、悪い気は排泄した方がよいですよ」

後から考えると勘違いも甚だしい言葉だったが、他に声のかけようもなかった。仕方なく、いくつか和讃の解説をしてみたが、俯《うつむ》いたまま返事がない。これ以上、面接を引っ張ると逆に負担になる、そう思った渡邉は用意していた新品の靴下と、来年の日めくり暦を竹内の両手に押し付けるようにして持たせ、「房で休ませてやって下さい」と早めに迎えの刑務官に引き継いだ。

「……すんません……」

小さな声で詫び、竹内はいつになく前のめりになりながら部屋を出ていった。足取りは左右にふらつき、あれほど毛嫌いしていた刑務官の介助なしでは歩けなくなっていた。

夏が終わりかける頃、竹内から「広島の原子爆弾のことを聞かせてほしい」と頼まれたことがあった。渡邉が広島で被爆したことを篠田から聞いたのだろう。この際と思って二度にわたって自分の体験を語ってやると、竹内は熱心に色んな質問をぶつけてきた。また続きを聞きたいということで、竹内は面接の度に日本地図を持参してきたが、地図は今日も開かぬままだった。竹内の尋常ならざる様子に、周囲の死刑囚たちは再三にわたり、刑務官に検査するよう訴えていたが、「仮病」とか「心の問題」と言われ取り合ってもらえなかったという。

竹内の頭痛に深刻な事情があったことを渡邉が知るのは、新しい年が明けてからのことである。

いよいよ、この年最後の面接となったのが、紅一点の小林カウだった。

それまでカウの面接は女囚区の独房までわざわざ足を運んでいた。それが数ヵ月前から、カウにかんする噂も一段落して落ちついたせいか、教誨用の面接室で行うようになっていた。狭い独房でにじりよるように迫ってくるカウの勢いには幾度となく閉口させられたものだが、教誨室では広い木机を挟んで座るため距離を稼げる。渡邉も正直、ホッとした。

馬喰町での買い出しで、カウには女らしい明るめの色の靴下を揃えておいた。色とりどりの新品の靴下を受け取ると、カウは嬉しそうに口元を緩めた。とにかくカウは、なにか無料で物を貰えることを無条件に喜んだ。

相変わらず小笠原諸島に養老院を建設する計画に余念はなく、施設の経営は二棟、三棟とどんどん膨張していた。死刑の執行が再開された話など意に介している風もない。時に、昔の情人からの差し入れ金の額が少なくなっていると不平をタラタラ述べることもあったが、この頃には「正信念仏偈」を経典も見ないまま諳《そら》んじるようになっていた。渡邉が担当する者たちの中では一番上手と言ってよいだろうと誉めてやると、カウはますます熱心に、まるで歌の練習をするように読経に励んだ。しかし、恨みのある被害者のためには、勧められても絶対にお経をあげようとはしなかった。

一度だけ、カウがこんなことを聞いてきたことがある。

「先生、読経というのはいったい何のために、誰のためにするのですか？」

こんな質問をしたのは、長い教誨人生でもカウひとりだけという。それからさらに四十数年後、奇《く》しくも同じ質問を問うた私に、渡邉はこう説明した。

——お経というのはね、亡くなった方にあげるものだと思い込んでいる人が多いんですが、それは違うんですよ。世の中にある数百、数千のお経の中で、死者のために書かれたものなんて一点もありません。お経はね、今、生きている人たちのためのものなんです。例えば『仏説阿弥陀経』というように、「仏説」つまり仏が私たちのために説いた言葉を、誰かが代わって説明してくれたものがお経です。神道なんかではね、死者の霊を鎮めるために「安らかに御眠り下さい」という意味の文言もあるようですが、仏教では、お経は生きている人のため、自分自身が心の目を開くためのものなんです。そうでしょ？　死んでから救われていいんですか。そうじゃない、今、苦しみながらも生きている人がホッとする、安らぐ、そういうためのものなんです。臨終でもない、未来でもない、只今、この瞬間にも阿弥陀仏の慈悲を感じる、それを味わうためのものなんですよ。だから、読経するということは自分自身のためでもあり、とても大切なことなんです。

被害者のためにあげるお経はまた、自分自身のためでもある。そう伝えるとカウは神妙に聞いていた。この日ばかりは渡邉もそれ以上は小難しい話をせず、互いにこの一年を振り返りながら他愛もない世間話に花を咲かせた。

そうしてこの年、すべての面接が終わった。同じく篠田も明日、今年最後の教誨面接を終えたその足で、東京駅を出て福岡・直方で年を越すという。

東京の冬は、広島と比べて日が傾くのが随分と早い。時計の針はまだ午後四時前というのに、外はもう暗くなり始めていた。渡邉は、篠田への簡単な挨拶文を認《したた》めてテーブルの隅に置き、帰り支度をした。右手にはいつものテープレコーダーを、左手には靴下を渡し終えて空になった段ボールを提げて、教誨室の薄っぺらいドアを腰で閉めた。

拘置所の廊下から駐車場に出ると、コンクリートの塀の上から水銀灯が妖しげに辺りを照らしていた。薄暮も間もなく闇夜に紛れてしまうだろう。四舎二階にずらりと並ぶ独房の窓からは、小さく淋しげな明かりがポツポツと漏れていた。渡邉には、そのひとつひとつが、彼らの残された命の灯《ともしび》のように思えた。

第五章　娑婆の縁つきて

一　竹内景助の最期

竹内景助が亡くなったのは、昭和四二年（一九六七）が明けて一八日目のことだった。

渡邉普相の「教誨日誌」によると、体調不良という理由でしばらく教誨を欠席していた竹内が面接に出てきたのは、亡くなる九日前の一月九日（月曜日）とある。

刑務官に抱きかかえられるようにして教誨室に入ってきた竹内は、もう言葉を発することも出来なくなっていた。机に突っ伏すようにして座るだけで精一杯、意識がどれだけはっきりしているのかも分からない。渡邉は、会話するのは諦めた。「ともに歌いましょうか」と一方的に話しかけ、竹内が好んだ「みほとけは」をテープレコーダーで流した。しかし、その口から歌詞は聞こえなかった。

それでもオルガンの調べが流れると、竹内の表情が幾分か和らいだように見えたので、同じ曲を三度、繰り返して流した。広島で被爆した話の続きは、もちろん出来なかった。この日が、日誌に記された竹内景助、最後の面接となった。

竹内はこの数日後に昏睡状態となり、同月一八日に息をひきとった。四五歳だった。後に聞いたところによると死因は定かではないが、脳腫瘍だったらしい。せんべい布団の上の父の亡骸《なきがら》を、駆け付けた子どもたちが泣きながら囲んでいたという。

振り返れば、竹内は逮捕から一八年もの歳月を独房に置かれた。再審請求にうんともすんとも言わなかった裁判所がようやく「本人から意見を聞く」と連絡を入れてきた矢先のことだったともいう。竹内が病死した報せに胸を撫でおろした関係者は少なくなかったのではないか。渡邉はどこか遣《や》り切れない思いにさせられた。

主のいなくなった二畳半の独房には沢山の写経と、論語を書き写した書が几帳面に整理して積まれてあった。数が数だけにそのままにしておけば焼却処分されてしまう恐れもある。とりあえず渡邉が整理して引き取ることにした。共産党に横取りされないようにと竹内が警戒していた貯金も、預かったままだった。獄中で許される請願作業のわずかな賃金に加え、雑誌に寄稿したり本も出版していた竹内は、当時の金で一

○万円近くは貯めていたと記憶している。死刑囚からは色んなものを預かったが、教誨師の渡邉に金まで預けたのは竹内だけだ。

竹内の死後、拘置所を通じて遺族である妻に連絡を入れてもらった。

共産党員が本当に竹内の貯金をとってしまうのか、渡邉には分からなかった。しかし長きにわたった裁判で、共産党やその系統にある弁護士との間に起きたトラブルについて竹内から直《じか》に話を聞かされた身としては、竹内がそう警戒したのも仕方はなかろうと感じていた。だから竹内の貯金は、出来れば妻ひとりに渡したかった。

しばらくして、妻から電話があった。妻によると竹内の遺品の日記にも、貯金は渡邉に預けているという記述があったらしい。妻も都内に住んでいるというので、ついでの折に立ち寄ることを約束した。

後日、自宅を訪ねると、妻は男性と二人で待っていた。男は、竹内の裁判を支援した事務局長という肩書であると紹介された。

「事務局長さん、あなたは、この金をどう使われるおつもりか？」

いささか出過ぎた真似かとも思ったが、渡邉は確認しないではおれなかった。

「竹内君は無実でしたから、彼の冤罪《えんざい》をうったえていくための活動に使います」

渡邉は一言、添えた。

「この金は、竹内さんが奥さんに残したものでしょうから、なるべく奥さんの生活のために使ってもらって下さい」

そういうと妻は無言で頭を下げた。

それから何日かして、竹内が残した「書」を、事務局長がわざわざ三田の寺まで取りに来た。こんな沢山の書を一体どうするつもりかと尋ねると、竹内を知る人たちに売って換金し、今後の活動資金に充てるという。

「換金」という乾いた響きに、渡邉にはどこか割り切れないものが残った。そのまま書を渡す気にはなれず、寺の本堂の床いっぱいに竹内の書をずらりと並べた。そして事務局長に向けて、幾つかの書を指さして意味が分かるか聞いてみた。案の定、事務局長には意味が分かるどころか、字の読み方すら分からなかった。

「自分は共産主義者なので、宗教のことは分かりませんから」

事務局長は不愉快そうに弁明した。

渡邉からすれば、竹内が孤独な獄中で、その不遇な人生に絶望することなく必死に学び、そして心を込めて綴った書である。このまま意味も理解されぬまま引き渡し、〝有名死刑囚の書〟などというふれこみで売られ換金されるのをただ見るのはしのびなかった。竹内のために、せめてこのくらいはしてやらねばと、事務局長を前にひとつひとつの書を大きな声で読み上げた。そして、そこに込められた意味を『歎異抄』や『論語』を引きながら丁寧に解説していった。

事務局長はさほど関心もなさそうだったが、これも引き渡しのための儀式と観念したようで、気のない相槌を打ちながら聞いていた。

一通り渡邉の説明が終わると、彼はいそいそと本堂の端から書を片付け始めた。その乱雑さが、またも気に障った。渡邉にはまだやりたりない思いが残っていた。

「事務局長さん、あなた、人が死んだらどうなると思いますか？」

事務局長は片付けの手を止め、はあっという驚きの視線をこちらに戻した。

「ええっ？　人が死んだら？　竹内君は……霊魂になって、私らのことを見守ってくれているんじゃないですか」

「あんた、本当の共産主義者じゃないね」

「はあ？」

「人間、死んだら終わり、ゴミになるというのが唯物論者でしょう。あんた、本物の共産主義者でも唯物論者でもないね。あなたと話をしておると、わし、そう思うよ……。竹内さんのこの書は、全部あんたにやるわけにはいかん。彼の遺品として私の手元にも幾つか残させてもらいますぜ」

そう言って渡邉は、竹内が自分のためにと書いてくれた数枚を抜き取った。

事務局長は、たった二度しか会っていない僧侶の棘々《とげとげ》しい言葉に戸惑い、事情をよく飲み込めない様子だった。歯切れの悪い説明をグジャグジャ言いながら、かき集めた書を抱えて本堂から出て行った。事務局長の後ろ姿は足早に階段を駆け上り、あっという間に日向坂の向こうに消えた。もし事務局長が善意の人であったなら気の毒な話で、渡邉の言動は見当違いだったということになる。しかし、もはや確かめようもない。

ひとり残された本堂で、渡邉は阿弥陀様をじっと見上げた。「金の切れ目が縁の切れ目」という言葉が頭に浮かんできた。

「これで、竹内君との縁も切れたなあ」

太い眉毛を下げ美味《うま》そうに羊羹を頬張る竹内の顔が、阿弥陀様の穏やかな笑顔と重なった。

二　山本勝美の最期

昭和四二年（一九六七）の日めくり暦も残り一センチほどになった一〇月二三日（月曜日）、夕刻。

「明日の午前一〇時半、東京拘置所の教育課にお越し下さい」

東京拘置所から三田の寺に電話が入った。

翌朝、篠田とともに教育課の小部屋に入ると、なじみの教育課長とその部下二人が緊張した面持ちで待機していた。全員が揃うとすぐさま管理部長室へと向かった。ついに来たのである。

思えば、遅すぎるくらいだった。前年、一六年ぶりに東京で死刑が再開され二人が執行されて以降、所内は「次はいつか」という無言の空気に覆われていた。

管理部長が手元の書類を読み上げた。

「昨日、法務大臣より当拘に勾留中の山本勝美、桜井孝也（仮名）の両名に、執行命令が下されました。執行はあさって二六日、時間は午前九時を予定しております。本件立ち会いの検察官は……」

やはり、脱獄囚の山本だったか――。渡邉は膝の上のこぶしを握りしめた。

山本ともうひとり、同日に執行されることになった桜井もまた四舎二階の古株のひとり。借金の返済に迫られ、三鷹市内でタクシー強盗をして運転手一人を殺した男だ。桜井も長い間、浄土真宗の教誨を受けていた。篠田が一〇年近く担当していて、都内にある桜井の実家にもたびたび出入りするほど面倒をみていた。ともに篠田と渡邉のコンビによる浄土真宗の教誨を受け、また仲の良かった二人が一緒に執行されるのは、拘置所側の配慮かもしれぬと渡邉は思った。

しかし数日後、拘置所もまた前代未聞の異例の事態に見舞われて、そんな配慮どころではなくなってしまうのだが。

翌二五日（水曜日）午前。

山本と桜井の両名は朝食の後、それぞれ時間をおいて拘置所長室へと呼び出された。

「残念ですが明日、君とお別れをしなくてはならなくなりました」

穏やかな所長の言葉は、死刑執行の宣告である。

しかし、二人とも独房に招集がかかった時点で、自分たちのすぐ未来に起きる出来事を予想していたようで、ピクリともせず所長の言葉を聞いていた。その場に立ち会った渡邉と篠田は、二人が取り乱さなかったことにまず安堵した。

昼食をはさんで、午後一時。特別に二人のために教誨面接を組んだ。もはや説法どころではない。茶を飲む時間も惜しんで腹から声を張り上げ、汗だくになりながら一心不乱に勤行《ごんぎょう》（お経を読むこと）に励んだ。

夕方、それぞれの家族が最後の面会にやってきた。この頃、死刑執行の告知は、極度に精神が不安定になることが懸念される者を除いて執行の前日に行われた。希望する家族には面会も許した。二人とも家族は都内に暮らし、日々の面会もあったことからすぐに連絡がついた。

最後の面会の時だけは、普段のガラス越しの狭い面会室ではなく、教育課の隣の小部屋が提供される。面会にやって来たのはいずれも母親だった。父親も健在だったが、どういうわけか往々にして父親はこういう場所にはやってこない。必死の形相で駆けつける母親の中には、せめて最後の食事は自分の手料理を食べさせてやりたいと、拘置所からの電報を受けて急ごしらえで作った弁当を持参する者も多かった。しかし、心のこもった最後の手料理も、たいがい息子の咽喉は通らず、卵焼きをつつくのがせいぜいだ。

渡邉は、山本の面会に立ち会った。彼がしきりに心配していた弟も来てくれればなと願ったが、部屋に現れたのは母親ひとりだけ。山本は弟の不在に少し落胆したようではあったが、終始、落ち着いていた。泣き崩れんばかりの母親に深々と頭を下げた。

「迷惑ばかりおかけしました。私のことは大丈夫です。弟のこと宜しくお願いします」

山本は最後まで病弱な弟を気にかけていた。それから、母子ともに押し黙った。言葉にすれば、きりもない悔みと哀しみがあふれだすのは分かっている。母は息子の身体の感触をすみずみまで記憶に擦り込むように、山本の顔から手から脚からを両手で撫であげ、そして無言のまま固く抱きしめた。

教育課長の「そろそろ時間です」という合図が為されるまで、母子は固く抱き合っていた。

一〇月二六日（木曜日）

今朝は電車がストライキで動かない。六時一五分に寺を出て、タクシーで拘置所へ向かう。七時四〇分、山本・桜井両名（※仮名に変更）を車輛にて刑場（※小菅刑務所）へ。桜井車には篠田が、山本車には渡邉が同乗して移動。

東京拘置所から囚人移送用の小型のバスに乗り込んだ。多少の渋滞をやりすごしながら、刑場のある小菅刑務所まで小一時間はかかる。渡邉は車輛の後部座席、山本のすぐ隣に座った。車が揺れる度に互いの肩がふれあって、そこに感じるぬくもりが妙に生々しい。

運転手も、同乗した警備隊長と刑務官も、沈黙を守っている。渡邉も、これから死にゆく者にどんな言葉をかければよいか見当もつかない。渇ききった口に、幾つもの言葉が浮かんでは消えていく。

格子越しに窓の外を見つめる山本にも、言葉はなかった。車窓には、死刑囚に対しても、いささかの分けへだてなく穏やかな日常生活が広がっている。身体からはみだしそうな大きな赤いランドセルを背負った子どもたち、その傍らで花壇に水をやる主婦の姿、信号が変わる度、目の前をどっと横切るサラリーマンの一群。山本は、今生最後の風景をじっと目に焼き付けているようだった。その目に映る群衆の誰ひとり、この車の終点が刑場であることを知らない。再びみなが夕刻に家路を急ぐ頃、この男の命が消えていることも想像すらしないだろう。

暫く走ると左手に赤レンガの醸造試験所、右手に、半年後にまた何百本という桜に花を咲かせるだろう飛鳥山公園が見えてきた。明治通りを左折し、ゆるやかな下り坂を早稲田行きの路面電車とすれ違うようにして下りていく。その先の交差点の信号で、車は止まった。右前方に国鉄王子駅を見た時、山本がいきなり声をあげた。

「先生、あれ！　あの店です！」

山本が指差した先には、小さな赤提灯《ちょうちん》。まばゆい朝日から隠れるように、店の軒下でひっそり揺れていた。

「私、刑務所を脱走した時、あそこで酒を飲んだんです」

「ああ、山本さん、確かあなた、王子駅の近くで捕まったんじゃったな。あの店で念願の酒にありついたというわけか……」

逃亡の末に逮捕された日の苦い記憶も、間もなくこの世を去ろうとする男にとっては愛すべき風景のひとつになっている。

「待ちに待った酒だったんですがね、実はあんまり咽喉を通らなくて……」

「山本さん、どのくらい飲んだんですか」

「先生、一合ですよ」

たった、一合――。

「ああ、そうかあ、一合だったのか。たった一合のために死刑かよ！　ああ、わっし、どうにもやれん。なあ山本さん、いっそ一升くらい飲んだらよかったなあ！」

思わず本音が口をついて出た。山本がふふふ、と小さな笑い声を漏らした。一文字に口を結んでいた刑務官の口元にも遠慮がちな笑みがこぼれる。そんな二人の会話を断ち切るように、車は王子駅を後にした。

バスは小菅刑務所の裏門をくぐり、広い敷地の奥の一角にある刑場へと真っ直ぐに向かった。

穢《けが》れの場とされる刑場は鬼門の方角、つまり北東の隅に置かれることになっている。その建物には、首から吊るされた人間が落下するための空間となる特殊な地下室が備えられているというが、外観は簡素な平屋建てのプレハブ住宅のようでもある。建物の入り口に繋がる白い玉砂利の左右には、とりわけ体格のいい警備の刑務官が等間隔で立っていた。しかし彼らは、目の前を歩く通行人に決して視線を送ろうとしない。通行人の身に間もなく起きる出来事について考えることから逃避しようとしているように見えた。

建物に入ると、最初に現れた六畳ほどの小さな部屋に、先に着いた篠田と桜井が座っていた。渡邉の記憶では、同じ日に処刑される死刑囚が同室で待機したのはこの時だけだ。山本と桜井は互いの姿を認めあうや目くばせし、少し安心したように見えた。しかし当の渡邉はあまりに緊張していたせいか、この時の控え室でのやりとりをほとんど覚えていない。常に篠田が場をなごませるようなことをしゃべり、終始リードしてくれたお陰で決して険しい雰囲気ではなかったことだけは確かだ。桜井も山本も、篠田の勧めで人生最後のタバコをゆっくり喫《の》んだ。

篠田の落ち着き払った先導に救われたのは、自分だけではないだろうと渡邉は思った。死刑執行が長らく宮城刑務所で行われていたため、その場にいた者のほとんどが死刑執行に立ち会うのは初めてのはずだ。思わぬ任務を命ぜられた刑務官たちは、今朝、澄み切った青空の下、家族には何も知らせず無言で官舎を出たにちがいない。そして任務が無事に完了した後も決して、そのことを家族に告げることはないだろう。非情の任務を断る選択肢は、彼らにはない。

前夜の拘置所での風景が、渡邉の脳裏に蘇る。

篠田と二人、桜井と山本それぞれと独房で食事をとった。山本の部屋はいつもの「一番」ではなく、死刑を翌日に控えた者が置かれることになっている、より警備が厳しい特別な独房に移されていた。この頃はまだ、教誨師が最後の晩餐に外から出前をとってやることも許されていて、山本は美味そうに出前の寿司を頬張った。

「私の時は二階のみなに心配をかけぬよう、全員が運動に出た後にこっそりお迎えに来てほしかったのですが、今朝はすっかり脅かしてしまったようです。木内あたりは相当しょげているでしょうから、先生、宜しくお願いしますよ」

山本はこの期《ご》に及んでも他人のことを心配していた。記憶に残る特別な会話といえばこのくらいだが、それで十分だった。名残惜しさをふり払い、渡邉は独房を出た。やはり桜井と食事をともにした篠田と合流した時、闇夜に紛れて潤んだ瞳が見られないのは幸いだった。そのまま別れの挨拶をして車に乗り込もうとした時、篠田がいつになく厳しい口調で言った。

「渡邉さん。明日のことは、いずれ、あんたひとりでやらんといけなくなることです。私がやることを、よおく、見ておきなさい」


時間がきた。桜井の名が、呼ばれた。歩を進めるその足は小さく震えている。篠田がすかさず桜井の背に手を添える。

扉一枚開くと、仏壇が安置された四畳半ほどの部屋が現れた。すでに拘置所長と総務部長が着席している。その隣にいる見慣れぬ顔は、執行立ち会いの貧乏くじを引かされ、東京高等検察庁から派遣されてきた運の悪い検察官だろう。その昔、検察官は自分が死刑を求刑した事件に限って立ち会いをしたというが、組織の運営上、人繰りがつかなくなり、今ではその検察庁へ着任した順の新しい方から機械的に選ばれるようになっていた。

篠田の先導に従って居合わせた全員で経を唱え、焼香した。焼香とは本来、亡き人のために行うもの。それを今、生きている、しかし数分後には死んでしまう者のために行っている。渡邉にとっても初めてのことで、どこか奇妙な感じがした。

読経が終わると同時に、勢いよくシャッと乾いた音がした。隣の処刑部屋との間を仕切っていた濃い紫色のカーテンが開けられたのだ。いつの間にか、桜井の両手は後ろ手で縛られ、身体の自由を失っている。数人の刑務官に囲まれるようにして、隣の部屋へジリジリ移動した。白い線で囲まれた正方形の枠の上に、桜井の身体が立てられた。もはや桜井の身体は、彼のものであって彼のものではなくなっている。刑務官たちは、事前に何度も繰り返し練習した通り、天井から垂れた太い絞縄《こうじょう》を手際よく首にかけようとした、まさにその時。

青白い顔をした桜井がクルッと上半身だけをねじるようにして身体をこちら側に反転させ、必死の形相で篠田に向かって叫んだ。

「先生！　私に引導を渡して下さい！」

刑務官たちの手が止まった。みなが篠田の顔一点を凝視した。渡邉は焦った。浄土真宗に「引導」などない、どうする。すると篠田は迷いなくスッと前に進み出た。そして桜井に正面から向きあった。互いの鼻がくっつくほど間合いを詰め、桜井の両肩を鷲摑みにして、しゃがれた野太い声に腹から力を込めた。

「よおっし！　桜井さん、いきますぞ！　死ぬるんじゃないぞ、生まれ変わるのだぞ！　喝――っ！」

桜井の蒼白な顔から、スッと恐怖の色だけが抜けたように見えた。

「そうかっ、先生、死ぬんじゃなくて、お浄土に生まれ変わるんですね」

「そうだ、桜井君！　あんたが少し先に行くけれど、わしも後から行きますぞ！」

潤んだ両の目に、ほんの少しだけ笑みが浮かんだと思った途端、その笑みは白い布で隠された。そこからは、わずか数秒のことだった。

桜井を取り囲んでいた刑務官が、パッと離れた。同時に、桜井の身体の正面に身をかがめて待機していた別の刑務官が、床から伸びた太いレバーを力一杯、グッと引いた。その瞬間。

バッタ――――ン……。

両の耳をつんざくような音が、乱暴に沈黙を切り裂いた。桜井が立っていた足元の踏み板が外れ、そのはずみで反対側の床の裏側に叩き付けられたのだ。上方の明かりとりの窓ガラスが、地震の時のようにビリビリと音をたてて震えた。

窓ガラスから下へ視線をもどすと、そこに立っていたはずの桜井の姿は、もうなかった。再び静まりかえった部屋で、天井からぶらさがった一本の太い縄だけが、ギッシギッシギッシギッシ、不気味な音をたてて揺れていた。小さな円を描きながら小刻みに震え、時おり大きくブルブルッと不規則に揺れる絞縄の動きは、その場にいる全員に否応なく、地下に吊り下げられた人間の断末魔を想像させた。レバーを引いた刑務官は、じっと床に視線を落として俯いたまま。同僚に促されるまで決して顔を上げようとはしなかった。

暫くして、刑務官に連れられて山本が入ってきた。

桜井の執行を告げる不気味な音は否《いや》でも耳に入ったはずだ。だが山本の表情は静かで、動揺している風はなかった。ふと見ると、それまで気がつかなかったが山本は手に何かを持っている。

「昨晩、寝ないで『正信念仏偈』を写経しました」

そう言って一部ずつ、写経本を立ち会いする者たちひとりひとりに手渡した。自分をあの世へと送る経を用意してきたのだ。経本を手渡しながら、「これまで私のような者のお世話をして下さり、ありがとうございました」と挨拶し、頭を下げている。

つい先ほどまでは篠田が先導して、場の雰囲気を作っていた。ところが今は、これから執行される山本自身が、いわば場を切り盛りしている。一番びっくりしたのは検察官だっただろう。これから処刑される人間が、処刑する側の人間に礼を言いながら、自分を送るための自作の経本を配っているというのだから。

山本は、最後に渡邉の前に進み出ると、こう言った。

「渡邉先生には本当にお世話になりました。先生、私の部屋に『仏説阿弥陀経』の写経が何十も溜まっております。集合教誨の度に経本が足りぬと仰っておられましたから、この春からずっと作っておきました。どうかみんなのために使ってやって下さい」

必死の勉強の間に写経していたのか。山本は、集合教誨で準備の悪い渡邉がつい漏らす「また足りないな」という一言まで気にかけていたのだ。

しかし、渡邉には「ありがとう」というほんの一言が出ない。言葉を発したら一気に何かがガラガラ崩れていきそうな気がした。ただ山本の温かい手を両手で固く握りしめ、互いの視線を引っぱりあうようにしてウンウンと何度も頷《うなず》いた。「では、そろそろ」という警備隊長の一声で、その手は永遠に離された。

そこからの手順は、先ほどと何ひとつ変わることはなかった。まるでホームから動き出した電車のようにスムーズに、そして目的地に到着するまでは絶対に止まろうともしなかった。

渡邉は小学生の頃、故郷の上山村で父に誉めてもらいたくてやったように精一杯、腹の底からできる限りの大声を絞り出した。

「帰命無量寿如来、南無不可思議光……！」

両の目をつぶり、叫ぶように読み続けた。山本と面接の度、ともに何度も声を揃えてきた経だ。浄土に向かう山本の耳に、ずっとずっと届けと念を込めた。

「もう、そろそろいいではないか」

篠田に肩をつかまれ、渡邉はようやく我に返った。目をつぶったまま大声を張り上げている自分に気がついた時、山本の姿はすでにそこになかった。目の前でブルブルと揺れる一本のロープの動きだけが、時が経ったことを告げていた。ひんやりとした刑場で、渡邉は背中まで汗だくになっていた。

「〇時〇分、絶息しました」

医務官が臨終の時間を読みあげる声を合図に、地下室に下りた。山本は台の上に横たえられている。かすかに血の色を残す薄紫色の唇は、まだ何か言いたげに見えた。

しかし、その身体はすでに〝物〟となり、もうピクリとも動かない。周りをみなで取り囲み、再び経をあげた。執行の終了を告げる簡単な儀式が終わると全員、足早に地下室から引き揚げていった。ひとり残った渡邉は、山本の手にそっとふれてみた。少し前まで温かかったその手は、氷のように冷たかった。

昼前には、すべての作業が終わった。事務官を従えた若い検察官は一目散に逃げるようにして、黒塗りの公用車で小菅刑務所を立ち去った。

死刑の執行は極秘中の極秘である。マスコミを含め外部の者に、死刑が執行された事実や、その時の様子が語られることはない。彼らの最期は、その場に立ち会った刑務官や渡邉ら教誨師の胸に刻まれるだけである。

午前中に予定された二人の執行が滞りなく終わった。渡邉は奇妙な虚無感に襲われていた。この間、自分は何もなしえなかった。山本を慰めることも、励ますことも、諭すことも、それどころか自分自身が宗教者として凜《りん》として立っていることすら出来なかった。何のために自分はそこにいたのか、分からなかった。

三田の寺へ戻ろうと、妙に重い足を塀の外へと踏み出した瞬間だった。

それまで白黒だった世界が、急に色を取り戻した。光も音も、自分の手の内に戻ってきた。近くの公園で子どもたちがはしゃぐ声。電信柱の上のすずめたち。陽の光をいっぱいに含んで穂を揺らす黄金色のススキ――。渡邉は少し歩いてから、荒川の土手にひとり腰を落とし、ようやく一度、大きく息を吸い込んだ。秋晴れの太陽は何事もなかったように輝いていて、どこを向いても眩《まぶ》しかった。

三　絞首刑の現場

渡邉が教誨師として死刑執行の現場に立ち会った時の様子について、時を改めて微に入り細に入り打ち明けたことがある。それは山本と桜井、二人の死刑の執行について語り終えて数ヵ月が経ってからのことだ。

その日は午前一〇時から聴き取りを行った。渡邉の心遣いで、昼には共にサンドイッチを頂いた。渡邉がほんの一口、二口しか食べようとしないのが少し気になった。午後、彼は奥の部屋で横になって休み、その間、私は「教誨日誌」を読み込んでいた。一時間程して渡邉は部屋に戻って来て、いつもの場所に座り息を整えた。そして、私が机の上に置いた録音用のテープレコーダーのスイッチを入れたのを確認するようにチラとこちらに目をやった。それから、尋ねもしないのに「執行の時のこと、まだちゃんと語っておらんから」と唐突に切り出した。その言葉には、いつも以上の力がこめられていた。

——最近はカーテンから向こうの部屋には、私らは入れないですけどね、当時は、彼らに一緒についていって、目の前でやるんです。「キミョウームリョウージュウニョウライ——！」と言ったらガターンッて、目の前から落ちていくんですから、目の前ですよ！　自分の目の前をロープが、ビーンッと伸びて、落ちていった体がグッ、グッ、グッとなるのをね、こうやって上から見るんです（※上半身を乗り出し下を覗き見る動作をする）。

ロープがね、あのロープがね、重さによって一本か二本、細いのがピシッピシッピシッと切れることがあるんです、体の重さで。事前にロープが全部が切れてしまわないように、それはちゃんと体重から計算してあるんですがね、幾らか切れても下まで落ちないように。それでも何本かはピシッピシッと切れる。それも、ここでこう、こうやって、するんです（※目の前でレバーを引く動作をする）。目の前ですよ。こうやってね……。

渡邉は一気にそこまで話すと、急に咳き込んで辛そうに顔をしかめて言葉を切った。肩で息をゼイゼイつき、鼻孔に装着した酸素吸入用のカニューレがひどく揺れた。話がその瞬間の核心に迫れば迫るほど、発せられる一言一言が、彼の身体の隅々まで痛めつけているように思えた。

——だからね、刑務官も可哀想でしたよ、本当に。今はね、ボタンが壁の裏側にあって、三人こう並んでやってますが、前は（※死刑囚の）目の前でレバーですから。自分が落としているのが確実に、自分が人を殺しているのが分かるわけですよ。刑務官もね、震えて泣いていましたよ、刑務官が……。ああ可哀想にと思って、この人は一生、これを心の傷に持っていくんだろうなと思ってね。それはボタンでも同じでしょうがね。最近は死刑の立ち会いはその日の朝でなければ言わないそうです。前の日から言うと逃げちゃうから。その日の朝、総務部長のとこへ出頭せいと、それで申し付ける。否応なしです。

（お経は、その間ずっと唱えるんですか）

最初の一〇分はなるべく大きな声で読んでくれと言われます。それで一〇分くらい経つと心臓が止まりますから、（※死亡確認をする医務官の）聴診器の音が、心音が聞こえなくなるから声を落としてくれゆうて、だから一〇分くらいすると自分で時計を見て声を落として医務官がこうやって（※聴診器を使う動作を真似る）、「何時何分、心臓停止しました」と。監獄法では五分ということになっているけど、拘置所では一〇分は待ちます。その間、みんなジーーッと待つ。奇妙な風景ですよ。それから体を下ろすんです。だから、絶対に失敗したからと言って助かりっこない、首が切れますから。落ちた時に（※首に手をやる）筋が切れてしまう、打ち首したのと同じなんです。

（絞首なのに？）

絞首なのに。自分の重みで筋が切れてしまうんです、筋が。中の筋が切れる。だから落ちても絶対に生きられっこないんです。

（首はちぎれないけど中の筋が切れると？）

そうそうそう。それは外から見たら全然分からないですよ、落ちる瞬間のことですから。

（本人の意識は？）

ないですよ、だから楽ですよ。死刑囚は執行までは大変辛いんであって、でも執行そのものは辛くはないですよ。辛くはないはずなんですよ、辛くは……。

「辛くはないはずなんですよ」と、渡邉は自分に言いきかすような強い口調で繰り返した。

世間を騒がす死刑事件が起きると、マスコミは繰り返し報道する。もう「死刑」という言葉を聞かされても、すっかり耳が慣れてしまって今さら驚くこともない。しかし、実際の執行現場のことになると、人々はまるで自分には無関係とばかりに考えることを放棄してしまう、と渡邉は言った。その背景には、法務省が一切情報を提供しないので考えようにも材料がないという事情があるのではないかと私が指摘すると、渡邉はこう漏らした。

「役所がね、情報を出したがらないのは、わしは理解できるんです。そりゃあ、外に出せるようなもんじゃないですよ、あれは。だから一般の人は死刑っていうものは、まるで自動的に機械が行うくらいにしか思ってないでしょう。何かあるとすぐに死刑、死刑と言うけどね、それを実際にやらされている者のことを、ちっとは考えてほしいよ」

旧約聖書にも、処刑のシーンが登場する。執行方法は「石打ち」だ。死刑判決に加わった人から順に石を取り、相手に投げつけなくてはならない。つまり社会（共同体）に属するひとりひとりが、自分たちが下した罰に対する責任と痛みを共有した。

現代の日本では、死刑判決を下す司法（裁判所）と、実際に刑を執行する行政（法務省矯正局）の間には、あまりに高い壁がある。刑を決める人たちは、執行の現場で何が起きているのか何も知らない。市民の裁判員は言うまでもなく、プロの裁判官も弁護士も然り、執行された事実ですらニュースで報道されて初めて知る程度である。

かつて法務大臣を務めた後藤田正晴（故人）のこんなエピソードを、取材中に聞いたことがある。昭和天皇の崩御により法務省が停止していた死刑の執行を、一九九三年、三年ぶりに再開させる直前のこと。彼は、死刑廃止の申し入れに大臣室にやってきた裁判官出身の衆議院議員、江田五月に対し、厳しい口調でこんな言葉を突きつけたという。

「江田君、死刑判決を下すのは司法だ。だが、辛い執行を行うのはわれわれ法務省だ。死刑判決を下すのであるならば、君ら裁判所が執行すればいい」

また数年前には、別の法務大臣経験者からこんな話も聞いた。

在任中、死刑の執行業務を管轄する矯正局長を大臣室に呼んで、「死刑制度について検討したいので、執行に立ち会った経験のある職員に話を聞かせてほしい」と頼んだ時のことだ。高級官僚と呼ばれる人々は、たとえその命令を断らなくてはならないことが分かっていても、一旦は命令を持ち帰り検討するふりをする。ところが局長は、その時だけは「それだけはご容赦下さい、誰も思い出したくないのです」ときつい口調で即答したという。現場を知る者はみな、口をつぐんでしまう。

死刑執行を行うのは、どこにでもいる普通の人間だ。たまたま刑務官という仕事に就いたばかりに、我が子を抱くその手で、今、目の前で生きている人間を処刑しなくてはならない。衣食住になんの不自由もなく、不条理な身分制度という鋳型もなくなった現代社会にあっても、いまだ「死刑執行人」という仕事が存在し、有無を言わさずそれをやらされている人たちがいる。渡邉があえて執行現場で目にした事々を詳細に語ったのは、その儀式にかかわる全ての人たちの気持ちを代弁しようとしたからではなかったかと思う。

渡邉が語った、〝絞首により首の筋が切れてしまう〟というのは、どうやら事実らしいということが、日本の絞首刑の現場を遡ると見えてきた。

現行の絞首刑、つまり上から下へと人体を落として吊るす「ロング・ドロップ方式」は、明治時代、文明国であったイギリスの方式に倣って取り入れられた方法だ。

鎖国を解いて開国した日本が列強諸国と対等に向き合うために、具体的には不平等条約を改正させるために、様々な分野で文明国のやり方を模倣していった。その一連の流れで「死刑」も、それまでの磔《はりつけ》や火あぶり、釜茹で、晒し首といった野蛮な執行方法を改めることになった。

明治初期は試行錯誤が続き、「ロング・ドロップ方式」に落ち着くまで、様々な方法が試された。最初の数年間は「絞柱式」が採用されている。太い柱に死刑囚の体をくくりつけ、後ろから錘《おもり》のついた縄を首にかけ、立たせたまま錘の重さでジワジワと絞め殺す方法だ。斬首のように人間が直接手を下すのではなく、道具を使うところが文明的と考えられた。しかし「絞柱式」の絞首刑は、執行が完了するまであまりに時間を要し、かえって現場は凄惨を極めた。

明治五年（一八七二）に日本政府の法律顧問として来日したフランス人のジョルジュ・イレェル・ブスケは、「絞柱式」による死刑執行に立ち会った珍しい記録を残している（『日本見聞記1』みすず書房・昭和五二年より）。

〈二本の柱がたっている。その前面には孔があいていて輪状に結ばれた綱が通っており、その背面では鉄の大きい重しを支えている。二人の死刑囚が相次いで連れてこられた。彼らは木の台に載せられて柱に紐で結《ゆわ》えられた。その紐は彼らの身体を支えるには足りないくらいゆるく結ばれている。彼らの首の周りに運命の綱がかけられ、鉄の重しが落ちる。恐ろしい振動が身体をゆさぶる。足の載っている台がどけられた。新しい痙攣が死刑囚をゆさぶる、（略）身体が伸び、次いで動かなくなる……終りだ……いや、まだだ。（略）六分かかっている。しかし遂に頭が傾く。顔が青くなり、ゆがむのが分る〉

結局、死刑囚を立たせたまま錘で首を絞める「絞柱式」は時間がかかる上に幾度も失敗が起こり、見た目にも残酷だという理由で検討が繰り返された末、被執行者の体の重さで首を絞めて殺す、イギリスの「ロング・ドロップ方式」に変更された。こうして欧米に劣らない〝文明的〟な絞首刑が確立された。以来、日本では、絞首刑は一瞬にして意識を失ってしまうので苦しみを伴わず、残虐な刑罰ではないという話が長く人口に膾炙《かいしゃ》されてきた。

これを裁判で具体的に証言したのは、法医学の権威として知られた古畑種基（故人）だ。古畑博士は、「（※絞首刑では）首を吊られた瞬間に頭部に行く動脈血が停止して人事不省に陥るため、苦痛は伴わないのが医学界の常識である」（古畑鑑定・東京高等裁判所・昭和二七年）として、絞首刑は安楽死に近い刑罰であると主張。これがずっと定説とされてきた。

しかし近年、世界で進む最新の医学は、この定説を全面的に否定する結果を導いている。

オーストリア法医学会の会長も務めたヴァルテル・ラブル博士は、絞首された人間がどのように死に到るかという少し変わった研究をしている研究者である。彼は、絞首された人間の意識は多くの場合、数分以上続いていることを示すデータを、五つの死因（動静脈圧迫による窒息、椎骨《ついこつ》骨折、迷走神経損傷による急性心停止など）に分類して詳細に発表している。

ラブル博士の研究は、古畑博士が主張したような「一瞬にして人事不省に陥る」ことは科学的にはほぼあり得ないと否定した。つまり落下速度や体重、縄のかかり方、首へのロープのかかり具合の左右対称などあらゆる偶然が奇跡的に重なり、完全に瞬時に脳への動脈血が停止したとしても、すでに頭部に流れている血液には酸素が残っているため、すぐに意識を失うことはないという。苦しみは続く。短ければ数秒、もしくは数分間にわたって。

さらに渡邉が語ったように、絞首により首の筋が切れてしまう現象については、それを証明する多くの記録が残されている。日本では明治時代、執行された死刑囚の首が半分ちぎれ、現場が血の海になったという報道がある（『東京絵入新聞』明治一六年七月七日）。また九州帝国大学の記録によると、検分された絞首刑による遺体一〇体のうち九体が、首の皮こそ繋がっていたが、頸部臓器が甚大に破壊されていたことを記している（『犯罪学雑誌』第九巻・昭和一〇年九月）。最近の例では、イランで行われた絞首刑で被執行者の首がちぎれた場面の映像が実際に報道されたこともあった（CNN・二〇〇七年一月一六日）。

いずれにしても現在、死刑を存置する国々においても、その残虐性を理由に絞首刑は次々と廃止されている。もちろん、当時は文明国として最新の絞首刑を行っていたイギリスも、一九六九年（厳密には一九九八年）に死刑制度そのものを廃止した。

〝残虐性〟を巡る定義は、時代の変遷、言い替えれば人類の文明の進歩と共に移り変わっている。「絞首刑」をいまだ維持し、毎年、執行し続けているのは、先進国では日本だけとなった。そして、その現場に立ち会う人々の苦しみも今なお続いている。

四　執行ラッシュ

渡邉が初めて執行の現場に立ち会ったその日から、全国の拘置所では空前の〝執行ラッシュ〟が始まった。

時の法務大臣は、田中伊三次。彼は何を思ったか、一〇月下旬から一一月上旬にかけて、現在判明しているだけで少なくとも二七枚もの死刑執行命令書に一気にサインしている。

それまで日本の死刑執行は、年に五人程度で推移していた。一方、世界ではヨーロッパの国々を中心に死刑廃止の動きが盛り上がり、世界的に人権意識が高揚していた時期でもあった。国内でも刑法の改正について議論する法制審議会が開かれ、死刑制度の存廃も議題のひとつにあがり、意見はまとまらないまま棚上げになっていた。

そんな時機を見計らったかのように、ある世論調査が発表される。法務省が行った調査で、「国民の七割は死刑廃止に反対」という結果が出た。その理由として六割は、「死刑を廃止すると凶悪な犯罪が増える」と回答し、続いて「凶悪な犯罪は命で償うべき」「生かしておくとまた再犯する」「被害者の気持ちがおさまらない」と並んだ。この調査が新聞紙上に発表されたのは、田中大臣が大量署名に踏み切るのに歩調を合わせるかのように、署名の一週間前というタイミングだった。

田中大臣はその時から遡ること二ヵ月、司法記者クラブの新聞記者たちを誘って新しく完成した東京拘置所の刑場も視察している。当時、法務省を担当していた勢藤修三記者は著書『死刑の考現学』（三省堂・昭和五八年）の中で次のように記した。

〈このサインした日から二カ月ほど前のまだ暑い頃、田中は閣議後の記者会見でとんでもないことを言い出した。それは、実際の死刑の執行をみんなで見ようというのである。このときは記者団から「馬鹿も休み休み言え」と一蹴され沙汰やみとなったが、田中はこのもくろみを刑事局にも相談して、当時の伊藤栄樹総務課長からこっぴどく叱られている。後日、それでは刑場だけでもという田中のたっての希望で、これは実現した。われわれも田中に同行して、当時でき上って間もない東京拘置所の刑場に行き、刑場の構造や死刑囚の首にかける絞縄、ハンドルを引いて踏み板を落とすところまでみせてもらった〉

いよいよ署名する当日、田中大臣は新聞記者を部屋に招き入れた。法務大臣のデスクの上には母親から譲り受けたという高さ三寸の観音様を安置し、左手には数珠を握った。そして、死刑執行命令書にサインする度に、殊勝気に観音様に片手で手をあわせる様子をカメラマンに撮影させた。田中大臣はこの時の心境について、週刊誌の取材に次のように答えている。

〈一に被害者の霊魂を救う道は何かを考え、二に被害者の遺族の感情にどう応えるかを考え、（中略）サインする前には、死刑囚の健康状態は心身ともに万全か、なんとか恩赦、非常上告、再審の道はないか、徹底的に調べます。そのうち一つでも該当事項があれば、ただちに突き返している。それだけの努力をして、なお救いようのないものについてのみ、サインする。（中略）私がこれまでサインしたのは、すべて残虐な強盗殺人か強姦殺人ばかり。その他はありません〉

現在では若手記者のキャリアパスのひとつにもなっている司法記者クラブも、当時は戦争も経験し大臣にも進言するようなベテラン記者が大勢いた。法務大臣のパフォーマンスじみた行動には批判の声もあがり、田中大臣の捺印の儀式に飛びついて報道した新聞社は一社に留まったという。しかし、ひと騒ぎした大臣も記者も、実際の死刑執行の修羅場を見ることはなかった。

刑法は、法務大臣による命令は五日以内に執行されなくてはならないと定めている。この時の執行命令は、東京・仙台・福岡の拘置所に集中した。三つの施設では、連日にわたって複数人の処刑が続くという異例の事態に見舞われた。執行する側の刑務官も、教誨師も、死刑執行の実務に関わるすべての人間が、まさに地獄の思いを味わった。

渡邉にとってもまた、先の山本と桜井の執行はその皮切りに過ぎなかった。それから連日、一日三人の執行に立ち会う日もあったという。

「あの時ばかりは、もう来る日も来る日もですから……ええ。一週間くらいは続いたでしょうか。わっしも、もう両の頬がげっそりこけておったと思いますよ」

渡邉は、言葉と言葉を繋ぐ合間にガックリ首をうなだれ、何度となく激しく咳き込んだ。執行の現場を語ることは、明らかに彼の心身に多大な負担をかけていた。これ以上続けると呼吸困難に陥りそうな気配すら感じ、私も「今日は、もうやめましょう」と取材を打ち切ろうとせざるを得なかった。しかし渡邉は「ちょっと待っておって」と肩で呼吸を整えた。思い出すこと自体を拒否しようとする心と身体に、必死に立ち向かっているように見えた。

この時の大量執行で処刑された死刑囚は、偶然、浄土真宗の教誨を受けていた者たちに集中した。そのため四舎二階には「浄土真宗の教誨を受けたら殺される」という噂が広まり、それから数ヵ月の間、いつもは参加者であふれる集合教誨も出席者が

二、三人という状態が続いた。

田中大臣による大量執行の一件は、後に渡邉自身が教誨師として許されぬ失態を招くことにも繋がっていく。

五　横田和男の最期

自分を捨てた母親に当てつけるために、世話になった施設の老守衛を殺した横田和男も、その日を迎えた。

次々とペースをあげて行われる執行に、覚悟は出来ていたようだった。前日の昼前に行われた所長による宣告にも動じる風はなかった。

北海道にいる実母が、たとえ今日の昼に「明朝の執行」を告げる電報を受けとっていたとしても、東京に駆けつけるには最低でも丸一日はかかる。すでに東京に向かっているとしたら、連絡を取ろうにも取れないだろうと渡邉は横田に言い聞かせ、母には会えないであろうことを納得させたつもりだった。

夕方、代わりにやってきたのは東京に暮らしていた母の妹だった。「甥っ子があまりにも不憫」と何かにつけて気にかけ、面会にきていた叔母だ。

「あなたのお骨は私がきちんと引き取って、ちゃんとお墓に納めてあげるから何の心配もいらないからね。最後まで気を強く持つのよ」

叔母は目に涙をたっぷりとたたえ、甥っ子のゴツゴツとした両手を握りしめた。一方の横田は一言だけ、「叔母さん、お袋から何か聞いていませんか」と尋ねたが、叔母は苦しげに笑うだけだった。彼はここでも取り乱す風はなかった。


翌朝、陽もかなり高くなった午前一〇時をまわってから、横田は小菅刑務所に向かう車中の人となった。

その日、小菅では三人の執行が行われることになっていた。一人目は仏教の他宗派の教誨を受けていた者、二人目はキリスト教、そして三人目が浄土真宗の横田だった。師匠の篠田は最初の執行の時は一緒だったが、それ以降は渡邉ひとりで立ち会うことが増えていた。

小菅への道中、横田もまた無言で窓の外を眺めていた。歩道を歩く通行人とすれ違うと、顔を覗き込むように首を伸ばしてキョロキョロしている。久しぶりに、そして最後に見る外の世界。ここに座る死刑囚の多くは同じように振る舞うもので、渡邉もさほど気にはしなかった。朝のラッシュも終わっていて渋滞もなく、順調すぎるほど順調に目的地に着いた。

刑場の教誨室で最後のタバコを吸わせ、お別れの儀式を済ませ、いよいよ執行の部屋へと移動しようとした時だった。横田が動かなくなった。「さあ」と刑務官に促されても、両足から根が生えたように踏ん張っている。

それまでつつがなく進んでいた場の流れが急に途切れ、居合わせた全員がぎょっとした。たくさんの視線が突き刺さった男の顔に、大粒の涙がポロポロポロポロポロこぼれる。横田は渡邉にすがりつくようにして叫んだ。

「先生！　お袋はやっぱり来てくれませんでした！　もう私には時間がありません、もう間に合いません！　あの時、お袋に捨てられさえしなければ、私はこんなことにならなかった！　お袋は私を捨てた、捨てたんです！」

そう言って、まるで子どものように顔を隠そうともせずワンワン声をあげて泣き始めた。

一五歳の時、少年は母に会いたい一心で、ひとり北海道の果てまで訪ねていった。そして、無下に玄関先で追い払われた。本当はあの時、横田はこうやって声を張り上げ、母に抱きついて泣き叫びたかったにちがいない。それが出来ぬまま、その時の感情を心の奥深くに閉じ込めたまま生きてきた。大人になってどんなに口汚く実母を罵《のの》しろうとも、彼が向かった旅路の先にはいつも母の姿しかなかった。

この期に及んでの横田の絶叫は、一五歳から心の成長を止めている彼の内なる子どもの叫び声のように渡邉には響いた。執行される間際、母がすぐ目の前のドアを破って駆けつけてくれるかもしれないという一縷《いちる》の望み。その望みはまたも大きな絶望だけをもたらした。

「お母さん、お母さん！」

横田は声にならない声で、届くあてもない名を叫び続けている。事態を察した刑務官が互いに目配せし、サッと彼の四方を固めた。両脇を抱え、ズルズルと処刑部屋へと引きずっていく。横田の号泣が、叫びにも似た響きを帯びてくる。もはや順を踏んで行われたお別れの儀式の余韻など、どこかへ吹っ飛んでしまった。平素は神聖な儀式を準備して何とか現代にふさわしい形を整えている処刑も、こうなると一転、よってたかっての殺人現場と化す。

渡邉は、そこに呆然と立ち尽くしていた。

命あるうちは決して止むことのないであろう横田の叫びに打ちのめされていた。母を怨んだまま死なせてはならぬと何年も教誨に臨んできた。自分が犯した過ちを自分の行為として受け止め、母を赦し、穏やかな心で旅立ってもらいたいと面接を続けてきた。しかし、そんな渡邉の心のうちなどお構いなく横田の両手が力ずくで縛りあげられ、容赦なく作業は進んでゆく。

「あの女のせいだ！」

必死の形相を、白布が覆った。何本もの手が、横田の身体の周りを忙しく動く。黒光を湛《たた》える太い絞縄が強引に首にかけられた。刑務官たちはこの一瞬を成功させるためだけに、どれほど長い時間、本意でもない練習を積み重ねてきたか分からない。失敗は絶対に許されなかった。

「お母さん！　お母さん！」

白布で遮られた横田の叫びは、くぐもったような鈍い響きに変わっていた。その足元で身をかがめ、レバーのハンドルを握って待ち構えている刑務官の眉間に一層、深い苦渋の縦皺が浮かびあがる。そこに立ち会った誰もが、その時が一刻一秒でも早く過ぎ去ってしまうことを心から願い、目を閉じた。

横田の身体が視界から消え去る間際、渡邉の頬に大粒の涙が伝っては落ちた。

――そん時、わっし、涙が出てね、お経が読めなくなったんだ……。「先生、わしは母親に捨てられなきゃあ、こういうことになるんじゃなかった」って泣かれてね、本当にこたえました。わしは……、長い間、教誨をしてきたけど、結局、何も出来んかったと。結局、彼は最後まで母親を怨みながら死んでいった。自分の力不足も感じたし、残念でもあったし、ええ……。本人が母親のことを怨みながら死んでいかなきゃならなかったという心の状態がね、それが可哀想でね。何のために教誨を続けてきたんだろう思うてね。ほれで、ガターーンッと落ちた時に、もう、お経が読めなくなったんですよ。

「キミョウ、ムーリョウ、ジューニョーライー……」

そっから声にならない、まったく……。それで暫く休んでいて、全部が落ち着いてからまた、ひとり「ナームーアーミー」言うて、ひとりごとみたいに言うて……、そういうことがありましてね……。

齢八〇を越えた渡邉の頬を、その時と同じように涙が伝った。唇の両端が微妙に震えて下がる。それ以上の感情の波がくることを許さぬように、渡邉は白いガーゼのハンカチを慌てて取り出して顔の全面をゴシゴシ拭い、ついでに予期せぬ涙をぬぐった。

――それで……その時の教育課長がね、わっしのそばに来て「つらいですなあ！先生、おつらいですなあ！」って肩を抱いてくれましてね、一緒に涙を流してくれました。課長は元々は僧侶だった人でね、教育課に何十年といた人でしたから、わっしの気持ちを察してくれたんでしょう……。そういうことがありました……。

横田の執行を終えて、三田の寺に戻った。執行の立ち会いをした日はいつもするように、家族に顔も合わせぬまま一目散に本堂へと向かった。阿弥陀様の前に座り込み、上半身を床に投げだして同じ言葉を繰り返した。

「阿弥陀様、わっしは今日も可哀想なことをしてしまいました、可哀想なことを、可哀想なことをしましたぜ……」

耳の奥の方で「お母さん！」と叫ぶ横田の声がこびりついて離れなかった。そのまま冷たい本堂の床に、ずっと顔を伏せていたかった。

横田の死刑執行から暫くして、東京の叔母が渡邉の寺に遺骨を引き取りにやって来た。余計なことは一切言わないでおこうと思った。今さら真実を語っても、誰も救われない。

「横田君は立派に、従容《しょうよう》として逝きましたよ」

決まり文句を事務的に伝えた。このことは、どの遺族に対しても同じである。他にやりようがない。幸い叔母もそれ以上、何も聞こうとしなかった。刑場での思い出したくもない光景がつと涙腺を刺激するような気がして、渡邉はなるべくその場を早く切り上げようと思った。

すると暫くの沈黙の後、叔母は申し訳なさそうな様子で頼みごとを切り出してきた。この寺の墓所に、甥っ子の墓を作ってもらえないだろうかというのだ。頼りにしていた菩提寺《ぼだいじ》には、「死刑囚の遺骨など引き取れない」と拒否されてしまったのだという。

「檀家でもないのに、ご無理は承知しております。私は独身で、多少は金の自由もききますし、お寺様にはご迷惑はかけません。甥っ子の墓を維持するためのことはすべて、私が責任を持ってやりますから、どうか……」

叔母は渡邉にすがるように必死の言葉を並べた。死刑囚の遺骨の多くは、引き取り手がない。家族がいても、である。掛け値のない叔母の言葉は渡邉にとっても、せめてもの救いに感じられた。死しても尚、彼のことを想う人がいる。それは横田という男が、たとえ満たされぬ人生であったとしても、この世に間違いなく生きていた証でもあった。

「私も横田君とは何年も向き合ってきた仲ですから、まったくの他人でもありません。ご依頼をお断りする理由は、私には見当たりませんよ」

そう返すと叔母は全身の力が抜けたように小さく肩を落とし、たった一言、「本当に、ありがとうございます」と深々と頭を下げた。

横田の墓は、本堂のすぐそばに作ってやった。叔母は彼岸と命日の墓参りを欠かさなかった。渡邉も折にふれ、「おい、元気でおるか」と声をかけて線香を供えたりした。それから何十年か経って、その叔母も亡くなった。後に姪を名乗る女性が寺にやってきて、実家の墓に叔母の遺骨と一緒に埋葬しますからと横田の遺骨を引き取って行った。

母という人は、横田の物語が終わるまで、一度も姿を現さなかった。

六　それぞれの最期

小林カウは、最期までカウらしかった。

自分は女だから絶対に死刑はないと信じ切っていたカウは、拘置所長から翌日の執行を告げられた時も事情がすぐには飲み込めぬ様子で「キョトン」としていた。

次の日の朝、小菅に着いてからも、何か悪い夢を見せられているような狐《きつね》につままれたような顔をしていた。これまで思い込んできた〃一〇年後の恩赦〃と、目の前に迫る現実。その距離を、うまく埋めることが出来ないでいたのかもしれない。

それでもカウの希望で、執行の現場には教誨師の渡邉と篠田両名と、東京拘置所では戦後初めて女性が立ち会うことになった。平素からカウの相談に乗り、面倒をみてきた女囚区の責任者だ。渡邉は、女性を立ち会わせて卒倒でもされたら大変なことになると心配したが、彼女は最後までカウにぴったりと付き添い、心を落ち着かせるよう話しかけ、刑務官らしい態度を崩さなかった。

あまり多くは語らなかったカウだが、一連の儀式を終えて、いよいよ刑場に移動させられ絞縄をかけられようとする間際、こう言って周りを驚かせた。

「すみません、もう二、三日、待ってもらえないもんでしょうか？」

刑務官らは一瞬、ハッとしてその手を止めたが、すぐさま我に返ったように作業に戻った。カウもそれ以上、言葉を発することはなかった。渡邉は、篠田と声を揃え経をあげた。泣き叫ぶよりもいい、最後の最後までカウらしいと思った。そして心の中で願った。

「カウさんよ、あんた本当に大したもんだった。どうかお浄土で阿弥陀様に抱かれて安心して暮らしなさい。次に生まれる時は、他人を幸せにする人間になってくれ」

すべてが終わり、六一歳で人生を閉じたカウの顔は穏やかだった。あらゆる煩悩と欲望からやっと解き放たれ、これで自由になれたのだと渡邉は思った。いや、そう思いたかった。

——あと二、三日、待ってほしい。

人間は、死ぬぎりぎりまで生きようともがく。どんな罪を背負った人間も、どんな勇者も聖人も、それはきっと同じだ。カウの最後の言葉ほど、己の心に正直な言葉はないと渡邉は思った。最後の瞬間まで「生きたい」と願う人間の本能ともいうべきありのままの姿を見せつけて、カウは逝った。

(小林カウさんの最期の表情は……)

いやあ、べつにそれ以上、特別な顔はしておらんですよ、ええ、まあ……。あのね、執行寸前っていうのはね、そんなに時間はおきませんから。パッ、パッ、パッ、パッと、素早くすべていかないとね、周りも辛いし、本人も辛いでしょうが……。

(会話だ、表情だ、という感じじゃなくて機械的に?)

もう、はい。ましてや動きだすとトントントントンッと進めないと、ストップはきかないですよ。ストップなんかしてたら前に進まなくなっちゃうよ……。

(私たちが思っているようなものじゃないんですね?)

そう。教誨師はね、刑場で最後、番茶だして飲ませてやって、今はタバコを吸わせておりますがね、タバコを吸いたいか尋ねて、「吸いたい」と言うと、「所長さん、タバコ出してやって下さい」言うて、所長はいつも新しいタバコを持っているんですよ。それでハーッ(※タバコを吸う真似をする)……「いやあ、久方ぶりに吸うな」……と、それで残りが三分の一くらいになったところで「それでは」と声をかけるのが警備隊長、現場の総責任者ですよ、事態を進めるね。ところがね、一回だけね、新米の警備隊長さんがオロオロしちゃって困ったことがあったね、なんと言うても、やってるのは人殺しだから……。

「これはいかん」と思って私が(※死刑囚に)「それでは」と声かけてね。袈裟をかけた人間が、そんなこと言ってはいけない、言う必要もないですよ、本当は。必要ないけど、言わないとことが進まないから言いましたがね。それで全部が終わってから所長が、「先生、今日は御世話になりました」と頭を下げてきて。「御世話になりました」って言われてもね……。ことをスムーズに進めないと、本人も周りもみんなが辛いから、しょうがないから……。みんなで人殺しをしているんですからね、ええ……。

自身の判決文には記載されることのなかった、別の三件の殺人を打ち明けた白木雄一にも、その日が来た。

宣告を受けた日、白木はふたつの品物を渡邉に手渡した。ひとつは、先にも書いた国語辞典。自分が愛用していた品で、託す人も誰もいないので、よければ使って下さいと言う。そしてもうひとつが、東京地方裁判所の判決文だった。

「先生、私のように、殺人が快楽になるような心を病んだ人間は、まだまだこれから出てくると思います。そんなヤツに出会ったら、どうかこれを読ませてやって下さい。私の小さな頃からの生い立ちについても多少、書かれています。こんなものでも何かの役に立つかもしれません」

渡邉が半世紀たった今でも保管していた判決文は、すっかり赤茶けていた。複写でかすれた文字を鉛筆でなぞったり、誤字を丁寧に訂正した書き込みが幾つもあった。表には、「判決謄本」と書いた自筆の表紙が付けられ、頁の下部には鉛筆書きで英字が記されていた。

「Ｄｅａｔｈ　ｂｙ　Ｈａｎｇｉｎｇ」（絞首刑）

まるで自分の死刑執行を待ちわびているかのような、躍るような飾り文字だった。

木内三郎が処刑されたのは、それから暫くしてからだ。

ひらがなとカタカナをすっかりマスターし、漢字を幾つか覚え始めた頃だった。最後の瞬間まで大きな体をブルブル震わせて、両目になみなみと涙を溜めていた。

すべてが終わり、冷たい地下室に下りると、すっかり冷たくなった木内の身体を白衣の男たちが取り囲んでいた。生前、木内はせめてもの償いにと大学病院に献体する誓約書を書き、アイバンクにも登録していた。もはや新鮮な臓器の提供場所となったその身体に、容赦ない作業が加えられている。暫くして両方の目玉が取り出された。

その様子を見守りながら渡邉は生前、いつになく真剣な表情で尋ねてきた木内の言葉を思い出していた。

「先生？　私の身体で手術の練習をした若いお医者様が、将来、誰か病気の人の命を救ったとしたら、私も人の役に立ったということになりますか？　私の目が誰かに使われて、その人が幸せになったら、私の罪は少しでも許されますか？」

死刑囚の「死」は、寿命が尽きる死とは違う。亡くなる日にちと時間まで、正確に事前に分かっている。病死と違い、臓器は健康なままギリギリまで動いている。事故死と違い、首を除いて身体のどこも傷つかない。つまり、体細胞も眼球も新鮮なまま計画的に取り出すことができる。だから医療関係者は、自分たちにその作業を許した死刑囚の執行日が来ると、拘置所の控え室でじっと待つ。出番が来れば手際よく処理を済ませ、身体ごと研究室へと持ち帰る。

今はもう命の尽きた木内の両目は再び、塀の外の風景を見ることになるのだろうか。当の本人はもういない。それなのに、彼の目は生きている。おそらく何十年にわたって、この世に起きるあらゆる幸と不幸を見続けるだろう。渡邉はなんとも言えぬ気持ちになった。

そういえば木内は、文字を習い始めた時に誓った被害者遺族への詫び状と遺書は、最後まで書くことが出来なかった。世の中には立派な難しい言葉が沢山あるというのに、自分の気持ちにぴったりあう言葉が見つからない、とよくぼやいていた。

世間では、加害者が更生したかどうかを判断する時、「被害者から見て」心から反省したと認めた時、という条件をつけたがる。しかし「それは違うよ」と渡邉はよく言った。

悲惨な事件が起きると、マスコミは犯人のことを〝悪魔〟のような人間と繰り返し報道する。そして、それから随分たって死刑執行が行われた時、再び事件が取り上げられることになるのだが、その時も犯人像は変わらず〝悪魔〟のままだ。

しかし渡邉は、教誨師として死刑囚と長く過ごすうち、最初は事件について触れようともしない者でも、暫くするうちに被害者遺族と会わせても十分、心からの謝罪を伝えられると思うほどに変化を遂げる者がいるという。一方で日本の司法や行刑の仕組みは、被害者やその遺族と加害者を向き合わせるような形にはなっていない。裁判の時、被害者遺族は加害者に怒りのたけをぶつけ、加害者は加害者で刑を軽くしようと自己保身に走る。そんな敵対関係をマスコミが事細かに報道して負の感情を煽《あお》り、憎しみの炎に油を注ぎ続ける。マスコミは往々にして被害者の怒りは取り上げるが、悲しみに寄り添うことはしない。そしていざ死刑判決が確定してしまえば、死刑囚となった加害者は外界との交流を断たれ、あらゆる人間の関係性から排除され、多くの場合、放置され、社会から忘れ去られる。

世間から完全に切り離され、どんなに反省しようとも死刑という運命しか与えられない彼らに、前述のような厳しい条件を克服することは不可能だと渡邉は言う。そして渡邉自身の教誨師としての心残りもまた、被害者と加害者をつなぐことが出来なかったことだと打ち明けた。木内は最後まで被害者遺族に手紙は書けなかった。しかし彼がもし再び社会に出たならば二度と同じような罪は犯さず真面目に生きたと思う、更生という言葉があるならば木内には使ってやっていいはずだ、と渡邉ははっきりとした口調で言い切り、木内三郎の物語を締めくくった。

七　人は人を救えるか

多くの死刑囚を見送った渡邉だったが、長く教誨を担当しながらも、自分の軽率さが仇《あだ》となり、最期に立ち会うことができなかった死刑囚がいる。

山浦良太（仮名）はかつて、仮釈放中に殺人事件を起こした男だ。二〇代で一度、殺人を犯し、無期懲役で服役して仮釈放された後に再び、別の殺人事件を起こした。いずれも男同士の痴情のもつれによるものだった。

山浦は幼少の頃に父を戦争で失い、一二歳で母を亡くして孤児となった。一三歳から少年院生活が始まり、その後は、刑務所を出たり入ったり。三八歳で逮捕されるまで、人生の半分以上の二〇年六ヵ月を刑務所で過ごした。その間、男色を植えつけられ、最後の殺人も惚れた男に振り向いてもらいたいという短絡的な動機だった。山浦には兄も姉もいたが、彼らも親を失った身で自分たちが生きていくのに精一杯、末弟のことなど気にかける余裕はなかった。

警察の取り調べで、山浦が人間らしく扱われた記憶として思い出す相手として語ったのは、たったひとり。刑務所を出入りしながら屋台で生計をたてていた時、ショバ代を差し出す度に優しく声をかけてくれた暴力団の集金係の兄さんだ。しかし、兄さんの名前は最後まで知らなかった。そんな山浦は裁判でも反省の素振りすら見せず、判決文には「悔悟の心なし」と書かれていた。身分帳を読んだ渡邉は、これは一筋縄ではいかない、大変な面接になると思った。幼少の頃から、これほど厳しい人生を歩んで来た男が、そう簡単に心を開くはずはない。

しかし、実際に会ってみた山浦は想像していたのとはまったく違った。死刑判決が確定してすっかり観念したと言い、処刑されるまでに何かひとつだけでも身につけたいと言う。渡邉の勧めで生まれて初めて筆という道具を握り、写経を始めた。

肉親の愛にふれることなく、出逢いに恵まれることなく、誰ひとり彼を諌《いさ》めたり止める者もなく、行き着くところまで行ってしまったような人生だった。しかし他の例に漏れず、こちらから真面目に働きかけてやればきちんと応えることの出来る人間でもあった。大切な「たったひとり」に恵まれなかった。関心や愛情を注がれれば、それを受け止めるだけの素養は人間みな持ち合わせているのに本当に惜しい、と渡邉は思った。

やはり面会に訪れる者は誰もいなかった。兄や姉たちからは、改めて絶縁状が送り付けられていた。山浦は、恐らく人生で初めて正面から向き合って会話が出来るようになった渡邉のことを、兄のように慕った。原爆の体験を話してやると、「苦労したのは自分だけではないのですね」と涙を流した。

昭和四二年六月三日（土曜日）

被害者の七回忌を六年と間違えていたことに気づき、残念であるという。

一一月四日（土曜日）

教誨師と布教師とはどう違うのかと尋ねる。いずれの職業も僧侶でも、及びがたき凡夫（※煩悩に束縛され迷っている人の意）であると説明す。

昭和四三年四月五日（金曜日）

人生の宿題について、自業自得という言葉について、その答えを互いに語り合う。

遺骨の心配をしているので、最悪の場合は当院で預かると返事する。

問題は自分が仏にならせてもらうということだと告げると頷く。


そんな穏やかな時間が何年か過ぎた頃、いつもの面接が始まって他愛もない世間話をしていた時のことだ。死刑の執行について話が及んだ時、山浦が言った。

「先生、あのタナカとかいう大臣はとんでもない男ですね。いくら死刑囚だって、虫ケラを殺すんじゃあるまいし。次から次へと幾ら何でもやりすぎです」

渡邉は机の上にノートを広げ、山浦の前に面接した死刑囚の記録を忘れぬうちにと書き付けながら、軽い気持ちで返した。

「ま、法務大臣もそれが仕事だからな、職務熱心なんだろうよ」

渡邉はそのまま下を向いて手元の作業を進めていた。

「私はいつ吊るされるのか恐くて……」

気にもならないような、一瞬の沈黙があった。山浦の震える声が、そこで途切れた。

尋常ならざる口調に、渡邉は驚いて山浦の方に視線を戻した。すると、白目ばかりが目立つ険しい眼差しが自分の方に突き刺さっている。机の向こうに、ドス黒い固まりが座っているようだった。山浦がもし刃物を手にしていたら、自分は瞬時に切り付けられていたかもしれない。そう思っても不思議はないほどの憎悪が、男の体全身から発せられていた。近寄って耳を立てれば、その胸から激した鼓動が聞こえてきそうだった。「殺人犯」という言葉が頭をかすめ、渡邉は凍りついた。

山浦は暫く無言のままでいたが、急に席を立ち上がると持参した荷物をササッとまとめ、あっという間に付き添いの刑務官を引き連れるようにして部屋から出て行った。

渡邉は実のところホッと胸を撫でおろした。

「ちょっと軽率だったか、参ったな……」

そう思ったが、「まあ、また次回の面接で話せばよい」と切り替えた。法務大臣が死刑執行の命令をするのは当然のことだし、自分が間違ったことを言ったとも思わなかった。確かにそれは、日常生活を普通に送る人たちの間で交わされる言葉なら、なんの問題もない会話だった。

その日から、山浦は面接に来なくなった。

渡邉はそれでも、「他に話す相手もいないのだから、ほとぼりが冷めたら来るだろう」と思っていた。こちらから手紙を書こうと思えば渡せた。手を伸ばせば届いたかもしれないのにと後から何度も悔いた。しかし、その時はそれまでの二人の関係にどこか甘えていた。

仮釈放中に犯行を重ねた山浦の死刑執行の時は、思いのほか早く訪れた。執行されるまでの日、山浦は一切の教誨師の立ち会いを拒否し、ひとりで逝った。執行されるまで運動にも出ず独房に引きこもり、二度と他人と言葉を交わそうとしなかったと教育課長から遠慮がちに聞かされたのは、処刑から随分たってからのことだ。

山浦は再び、人を信じることのない内的世界へと閉じこもった。死刑囚となった彼らは独房で孤独になるのではない。もともと世間に居る時から、あらゆる関係性に絶望し孤立している。渡邉は、ようやくそこから這い出てきた山浦を元の世界へと突き落とした。一度は開いた扉を、永遠に閉じさせた。自らの軽率な一言が何を招いたかを思い知った時は、あまりに遅かった。

――あれほど篠田先生から言われておったのに、慣れというのは恐いもんでね……。私のたった一言で、彼にしてみたら「この坊主は、本当は自分のことをまったく分かっておらん、死刑なんか他人事だ」と思って、絶望したんでしょう。人を信じたことのない男が信頼してくれたのに、それに応えることが出来んかったんですわ。せめてキリスト教でも何でもいい、他の教誨師に乗り換えてくれて、誰かひとりでも最後にそばに付いておってくれたなら、わっしも救われたんですがね……。人生の最後にまた殻に閉じこもって、それで逝ってしまいました。

わしね、同業者にも自分が担当した死刑囚のことはあんまり話をしたことはないんですがね、この男のことだけは、特に若い教誨師には話すようにしておるんです。わっしはこんな失敗をしたけれど、相手は全身全霊でこっちの話を聞いているぞと、そのことを絶対に忘れたらいけんぞとね……。

まあ大勢を見送りましたがね、あの時も篠田先生が桜井君に「死ぬるんじゃないぞ、生まれ変わるんじゃぞ！　喝――っ！」って言ったでしょう。浄土真宗に引導なんてないから、私だったら恐らく、くだらんことを言ったと思うんです、「ある」とか「ない」とか。だけど篠田先生はたじろぎもせん。やっぱりわしは人間の器が小さいんですわ。

（ずっとやりとりをしてきた方の最期を見送るのは？）

それは、辛いですよね。辛いです。うん……。「殺したくないな」と思いますよ。「死なせたくないな」という気持ちはありますよ。「こんな人間をなぜ殺さなければいけないのだろう」という疑問はありますよ。疑問はあるけれども、やっぱり日本の法律の下でわれわれは仕事をしていることですからね、それ以上のことは言えないね……、ええ。

(教誨師になった頃、死刑囚を救いたいと思った、と仰っていましたね)

うん、その救いっていうのはね、心の問題であってね、命が助かるという意味じゃないんですよ。多くの人はね、救うというのは命を救うという解釈をなさいますがね、われわれの言っている救いっていうのは、阿弥陀様に抱かれていく救いということですから。本人は死刑にはなるんだけれども、本人の心が……、難しいね、とても。「先生、死刑になっていきますけど、今度は人を救える人間になっていきますからね」と、そういうものにしていく。それをあえて救いということで表現していく。だから一般社会でいうところの救いと、われわれの言う救いというのは全然、違うんです。そう言いながらね、「じゃあ、あなたは人を救ったのか」なんて聞かれると、それは難しいね……。

この日、「救い」という言葉について、渡邉は「難しいね」と、話を打ち切った。そして別れ際、すっかり日も落ちて薄暗くなった部屋で、「いつ頃からか教誨師という仕事に迷いを感じるようになってね……」とつぶやくように言った。教誨師になった頃は、社会から見放された死刑囚たちを救いたいと一心に思った。その想いに一分の偽りもない。しかし、いよいよ死刑執行の場に立ち会い、そして時間が経つにつれ、これから自分の手で殺さなくてはならない者を「救う」などと考えること自体、偽善ではないかと思うようになったというのだ。

遠い昔に親鸞聖人もまた、苦境に置かれた者たちを「救う」ということの意味について悩み苦しんだことが、幾つかの書物に残されている。

親鸞が生きた時代、慢性的な天変地異は続いた。洪水、干魃《かんばつ》、飢饉、そして戦乱という非常事態の下、庶民は地獄の苦しみに晒された。問題をさらに難しくさせたのは、それが人間に等しく与えられた自然災害で終わらなかったということだ。社会にはすでに〝持てるものと持たざるもの〟というはっきりとした階級が存在し、持たざる者の生を残酷なまでに運命づけていた。

親鸞はある時、旅の途中で、疫病の発生や飢饉に見舞われ窮状にあえぐ農民たちを救おうと『三部経』を一〇〇〇回繰り返して読誦《どくじゅ》し、彼らを救おうと努めたことがあるという。しかし結局、何を思ったか、四日目の晩に読経をあきらめて理由も語らぬまま引き揚げたと彼の妻は書き残している（『恵信尼《えしんに》消息』より）。親鸞は読経するだけで人々を救えるとは思っていなかったのではなかろうか。

苦しんでいる者からすれば「救い」という言葉が意味するのは、飢えている人に食糧を与えることであり、病に倒れた人を治療することであり、貧困に喘ぐ者に十分な金を与えてやることでしかない。しかし一僧侶に過ぎない親鸞に、そんな現実的な処方箋を示せるはずはない。彼はただ無念のうちに死んでいく人々の姿を見送ることしか出来なかったはずだ。その姿は、いずれは処刑されてしまう死刑囚に向き合う渡邉にも重なって見える。では「救い」とはいったい何なのか、という疑念が湧く。

渡邉は、「救い」を前に悩んだ親鸞が「慈悲」という言葉に替えて答えを見出した様が、『歎異抄』に一ヵ所だけ表されているといった（傍点筆者）。


〈慈悲について、聖道門と浄土門とでは違いがあります。

聖道門の慈悲とは、すべてのものをあわれみ、いとおしみ、はぐくむことですが、しかし思いのままに救いとげることは、きわめて難しいことです。

一方、浄土門の慈悲とは、念仏して速やかに仏となり、その大いなる慈悲の心で、思いのままにすべてのものを救うことをいうのです。

この世に生きている間は、どれほどかわいそうだ、気の毒だと思っても、思いのままに救うことはできないのだから、このような慈悲は完全なものではありません。ですから、ただ念仏することだけが本当に徹底した大いなる慈悲の心なのです。

このように聖人は仰せになりました〉（『歎異抄』現代語版より）

要約すれば、目の前に広がる厳しい現実に生きる人々を自分の思うように救うことはとても難しい。早く自分が浄土に行って仏に生まれ変わり、苦悩する人々を自在に救おう（浄土門の慈悲）という意味だ。親鸞は、尽きることのない現世の苦しみを解決する道を浄土、そして阿弥陀仏に求めた。自分ひとりの力で成し得ることの限界を認め、〝人を救う〟という己の力を過大視した「自力」の発想を否定した。そして、どんな人間のことも赦し受け止めてくれる絶対的な存在である阿弥陀仏にすべてをゆだねた。そんな絶対無二の存在への信仰を心から持てた時に、人は自《おの》ずから救われていくのかもしれない。それを「信心」と呼ぶのだろう。

渡邉が語った、「救いっていうのは命が助かるという意味じゃない。われわれの救いは阿弥陀様に抱かれていく救いだから」という言葉も、親鸞のいう「浄土門の慈悲」に沿ったものだ。

しかし、ひとたび経典の世界から自分を包む現実世界へと目をやったとき、目の前で起こり続ける苦しみと悲しみの連鎖に、「浄土」への信心だけで立ち向かうのは容易なことではない。それを「不信心」と言ってしまえばそれまでだが、目に見えぬものを信じることもまた難しい。今、現実に苦しみもがく者に「浄土」を持ち出すことには、少し無理があるようにも思える。

渡邉にとっても、「浄土門の慈悲」という考え方ですべての迷いが解決されたわけではなかった。死刑囚が生きているうちに彼らを救うということが不可能であるというのならば、自分は教誨師として具体的に何をすべきなのか――。深まる渡邉の疑問に、親鸞は明確な答えを用意してくれてはいなかった。

出口の見えない迷路に迷い込んだ渡邉はこの頃、何度か都内にあったある金物屋に足を運んでいる。

死刑執行の時、死刑囚を吊るすロープをかける金具、そこに製造した会社の名前が刻印されているのを見つけた。住所を調べ、社長に面会を申し出た。

「あんたたち、死刑囚を殺すことで金を儲けておるなら、せめて彼らに靴下のひとつでも買うてやったらどうかね」

わざと乱暴な言葉を吐いて半ば脅すようにして、わずかな靴下代を出させた。正面からジリジリと迫る目の据わった僧侶に、工場の社長はなんとも言えぬ顔をしていた。そんなことを何年かやった。今振り返れば、工場の社長も好きで請けた仕事ではなかっただろうし、ほとんど八つ当たりに近かったと渡邉は言う。そんなことをしても気持ちは一向に晴れなかった。

若い時分は後先を考えず、全身全霊で教誨に打ち込んだ。しかし歳月を経るごとに、その務めから生じる思いは熟するどころか疑問は深まり、自信は消え、「死」を突き付けられる度に往時の意欲も体力も失せていく。心を重ね、向き合った者たちの思い出は、最後は必ず苦渋に満ちたものとなる。渡邉の前に、同じ道をもっと長く歩んできた師匠の篠田龍雄。彼は、この疑問にどのように向き合ってきたのか。渡邉が心から尋ねてみたいと願った時に、篠田はもういなかった。

篠田は八三歳になった昭和五三年（一九七八）、体力の限界を悟り、東京での教誨師の仕事を完全に引退することを決断した。そして都内に築いた関係先の方々に「直方で隠居します」と挨拶を済ませてまわり、人生最後の直方への片道切符を買いに行った東京駅の構内で倒れ、その場で亡くなっていた。篠田はまさに、「東京での布教」という人生の目標に命を尽くしたのだった。渡邉は、相談できるたったひとりの相手を永遠に失った。怒りと哀しみが混じり合う複雑な感情をぶつけることの出来る人は、篠田の他に誰ひとりいない。他の人に相談するくらいなら、教誨室でともに時を刻んだ時計に話しかけるほうがまだましだと思った。

行き詰まった末に渡邉は、答えの出ない疑問をいっそ心に封印することにした。深く突き詰めて考えることをやめた。面接で何をすべきか迷った時には、とにかく手を動かして写経することを勧めたり、経典の解釈を延々とやってみたりもした。自身の心のうちに迷いを引きずり余裕を無くした身で、他者の気持ちに思いを及ぼすことは難しい。この時期に担当した死刑囚について、渡邉はあまり語りたがらなかった。ただ時間を埋めるための作業のような、本当につまらない面接をやっていたからと目線を落とした。

しかし、そんな不確かな心持ちと反比例するように、東京で教誨師として経験と時間を重ねていく渡邉にはいつしか、全国の教誨師のリーダーとしての役目が加わるようになっていく。各宗派の取りまとめに奔走したり、拘置所から重要な事務連絡を任されたりした。篠田亡き後、自身が望むと望まざるとにかかわらず、渡邉は名実ともに、その世界の代表的な場所に立たされるようになっていく。

やがて教誨師を束ねる責任者となる。法務省と歩調を合わすようにして、死刑制度の矛盾がもたらすやっかいな問題にも立ち向かわざるをえなくなった。同じ死刑囚の教誨師の中には、あまりの任務の過酷さに死刑反対を言い出す者も現れた。その度に、拘置所から頼まれて説得にあたった。説得がかなわない時には教誨師連盟から追放したこともあった。この頃の事情を知る人は、渡邉は連盟の中でもかなりの〝強硬派〟だったという印象を残している。

いつ頃からか、渡邉は面接のためにと熱心に読み込んでいた死刑囚の身分帳にも、ほとんど目を通さなくなっていた。時間がなくなったからではない。庶務課のたった一枚の薄い扉を開けさせることを、体全身が拒んだ。その人間を深く知れば知るほど、最期の瞬間は耐えられないものになっていくからだ。

深く暗い森に迷い込んだ。進むべき道を、見失った。しかし、「今、あることから逃げてはならない」という信念だけが、渡邉をその場に踏みとどまらせていた。かつて焦土と化した広島の町で多くの人を見捨てて逃げ、そしてひとり生き延びた。あの日と同じ自分を、二度と許してはならなかった。

第六章　倶会一処

一　さまよう遺骨

この日、馴染みの刑務官に先導されて渡邉が向かっていたのは、東京・雑司《ぞうし》が谷《や》の墓地である。ここに立ち入るのは年に二度、彼岸に執り行う慰霊祭の時だけだが、今回は少しばかり事情が違った。

胸に抱いているのは、桐箱。世間を震撼《しんかん》させる大事件を起こした、ある死刑囚の遺骨が入っていた。

雑司ケ谷霊園には、夏目漱石や永井荷風、小泉八雲ら著名な文化人が多く眠る。墓地とはいえ薄暗い陰鬱なそれとは異なり、緑豊かな静寂に包まれ、散歩にうってつけの場所だ。夏目漱石の小説『こゝろ』の舞台としても知られ、地図を片手に散策する観光客の姿も珍しくはない。

しかし、そんな霊園のすぐ隣に広がる広大な芝生の下一面に、当時、五〇〇〇人もの死刑囚たちが眠っていることを知る者はほとんどいなかっただろう。後に豊島区の所有地となるその場所には明治以降、東京拘置所で処刑されたり、近隣の府中・小菅・中野刑務所で病死したりして引き取り手のない遺体や遺骨が集められ、無縁仏として埋葬されていた。

渡邉が墓地の中を歩いていくと、普段は人影もまばらなその芝生のエリアに大勢の作業服姿の男たちが見えた。

「もう作業が始まっているのか」

渡邉が驚いたのも無理はない。数週間前、法務省が所有するその土地を豊島区に譲渡することが決まったため、遺体や遺骨を掘り出すことになると聞いたばかりだったからだ。芝生のあちこちに建てられている仮設のテント。そこで、業者が掘り出した遺骨を集めては洗浄する、いわゆる洗骨作業が行われていた。地中で幾星霜《いくせいそう》を経た遺体はすでに土と同化し、もはや生前の面影は留めておらず生々しいものではない。だが、こんもりと無造作に積み重ねられた遺骨の山は、そう気持ちのよいものでもなかった。

すぐ傍《そば》の小道を散歩している市民たちは、そんなただならぬ作業が行われていることに気付く風もない。彼らには芝生の養生がなされている程度にしか映らなかったことだろう。この時の作業は公園という無防備な環境で行われたため、拘置所内でもすべては極秘裏に進められた。戦後初めてともいえる法務省の墓地の大改修が報道された形跡は、現在に到るまでほとんど無い。

掘り起こしたばかりの土の中には、幾つもの遺骨や古い骨壺が混ざりあっていた。よく見ると、戦前の「スパイ・ゾルゲ事件」で逮捕され、後に処刑された尾崎秀実《ほつみ》(昭和一九年執行)の名が刻まれた骨壺が目に入り、思わず渡邉の足が止まった。もう少し奥の方まで歩けば、自分が最期を見送った者たちの遺骨もあるに違いなかったが、それ以上、歩を進める気にはならなかった。

洗浄された遺骨は、まだ行き場が決まっていなかった。とにかく、豊島区に土地を引き渡すまでにすべての遺骨を掘り出して整地することが優先事項とされた。この時点で決まっていたのは、敷地の隅に仮の保管場所を作って遺骨を移すことだけであり、渡邉が向かっていたのもまた、その保管場所であった。

渡邉が胸に抱いていた遺骨は、この時から遡ること一〇年の昭和五一年（一九七六）に処刑された大久保清（享年四一）のものだった。

大久保清は昭和四六年、強姦致傷罪で仮釈放中に大量連続殺人事件を犯した男である。群馬県内で最新型のスポーツカー、ロータリークーペに乗って画家を装い、「モデルになってほしい」と女性を次々と誘っては殺害、山中に埋めるという凶行を繰り返した。わずか四一日の間に起きた「大久保事件」の被害者は、若い女性ばかり八人にのぼる。

かつて〝東京の切り裂きジャック〟と呼ばれた白木雄一が大久保について、「自分と同じで強姦が目的じゃない、殺しが楽しいんです」と語っていた。しかし大久保は裁判ではもちろん、処刑されるまで事件の動機についてはほとんど語らなかった。

ただ大久保も白木と同様、一審で死刑判決を下されてから控訴しようとしなかった。判決が確定してから約三年、東京拘置所で残りの日々を過ごした。犯罪史に汚名を刻み込む凄惨な事件を起こした凶悪犯とは思えぬほど落ち着いた態度で、積極的に運動に出ては汗を流し、独房で読書をしたり手記を書くなどマイペースで過ごした。担当の刑務官は、「せっかくだから教誨でも受けてみたらどうか」と再三、勧めたというが、大久保は「自分は宗教は信じないから」と頑なに固辞した。

死刑が執行されたのは、昭和五一年一月二二日の朝である。

その日、都心は六年ぶりに氷点下四度を記録し、未明から厳しく冷え込んだ。渡邉は法衣にコートを羽織り拘置所へと車を走らせていた。数日前、教誨を受けていない大久保にいよいよ死刑が執行されるという情報を知り、「空振りになってもいいから」と、とにかく執行に間に合うよう拘置所に出向くことにした。

渡邉にはこの頃、拘置所の幹部に常々、頼んでいたことがあった。自分の軽率な言動で、たったひとりで逝かせてしまった山浦良太のことが頭から離れなかった。


——教誨を受けてなくてもね、「宗教者ぬきで人殺しをしたらいけませんよ」っていうのは、きちっと拘置所に言うておりました。なるたけ教誨師さんに頼んで、ええ。何宗でもええから、教誨師の立ち会いをさせなさいとね。たとえ教誨を受けてなくても、本人が立ち会ってほしいと言えばすぐに立ち会えるように準備しないと。本人が「結構だ」と言えば空振りにはなりますが、それでも必ず教誨師には来てもらいなさいと。それだけの用意を拘置所はしなきゃいけませんと。「ただ殺しゃあいい」というものじゃないんですと。それは殺される本人だけじゃない、やっぱり、殺す方の看守さんたちもね、そういう宗教者がいた方が、せめてもの心の救いになりますから……。

（生きている人のためにも、ですか）

そう、人殺しですから。「人殺し、人殺し」って言うとね、拘置所の人らは「人殺しって言わないで下さいよ」って嫌がるんだけどね。人殺しじゃないか、あんた、人殺しやっているんだぞと。

（前にも「人殺し」という言葉を使われましたね？）

だって人殺しじゃないですか。良いことをやっているわけじゃないでしょう？　みんな仕方なしに……（※力を込めすぎて声がかすれる）……やっているんです。私たちも喜んで立ち会いしているわけじゃありません。だけども、死刑というものがある限り、誰かが、誰かがやらないといけない。

（「私が行かなくても死刑はある」と）

うん。誰かがやらなきゃならない……。本願寺の坊さんたちがいくら死刑反対だって大きな声で言ってもね、現場（※法律）がそうならない限り、絶対ここから引くわけにはいかないんですよ。「教誨師なんていうのは法務省の手先だ」なんてこと書いている僧侶もいますがね。でも最初から、法の決まりの中でわれわれ教誨師になっているわけですから。拘置所っていうのは「人殺し」がついているんですから。その人殺しをね、宗教者も誰も外部の人間抜きでやったら、それこそ本当に人殺しの現場になってしまいますよ。

凍てつく寒さの中、警備隊長らに周りを囲まれて大久保が刑場へと連れられてきた。最後の儀式を待つ控え室で刑務官が大久保に話しかけている声が、部屋の外の廊下に待機していた渡邉にも聞こえてきた。

「大久保よ、最後くらいは坊さんに立ち会ってもらったらどうか」

大久保は答えない。

「お経をあげてもらうだけでも、どうだ?」

大久保は少し考えてから、ようやく小さな声で答えた。

「そこまで言われるなら、お願いします」

そうして渡邉が執行に立ち会うことになった。

稀代の殺人鬼の処刑に、マスコミはここぞとばかりに執行の様子を書きたてた。大久保が恐怖のあまり小便をたらし、刑務官に引きずられて連行されたと伝えた雑誌もあった。

しかし、渡邉が見た大久保は終始、静かだった。ただ、「落ち着き払った」という表現はあてはまらない。焦点の合わない虚《うつ》ろな暗い瞳は、人間の感情の起伏を遥か越えたところにある、あらゆるものへの無関心ぶりを見せつけているようでもあった。

控え室で最後のタバコを勧めると、大久保は軽く一息吸い込んだ。その指は、震えていなかった。刑務官に反抗したり暴れたりすることもなく、無論、引きずられて連行された事実もない。大久保の死刑執行も、一連の儀式の中で滞りなく終わった。


本題はここからである。

大久保には両親と兄姉がいた。兄とは事件の前から犬猿の仲で完全に縁が切れていたが、姉は最後まで大久保に手紙や下着を送ったりして弟との連絡を絶やさなかった。

死刑が執行されて数ヵ月してから、大久保の遺骨を預かっていた渡邉の三田の寺に、その姉がやってきた。

「弟が大変お世話になりました。遺骨までお預けしてしまい申し訳ありません。今日は遺骨を引き取りに来るつもりだったのですが、実は困ったことになっているのです」

そう言って姉が切り出した話には、渡邉も心を痛めることになる。

大久保家は地元では裕福な旧家で、立派な墓地も構えていた。しかし事件が起きて、高齢の両親はすっかり体調を崩し、二束三文で屋敷を売り払って養老院に入った。それも大久保清の親であることが分かるや追い出され、次の施設を探し求めては放浪する生活が続いているという。さらに大久保への死刑が執行されたという情報がどこかから漏れ、そのニュースが新聞の一面を飾ると、地元の人たちは「大久保の骨を町に戻してなるものか」と、一夜にして大久保家の墓を暴いてしまった。墓石は根こそぎ倒されて滅茶苦茶に壊され、先祖代々の遺骨や骨壷もすべて掘り出され、あたりに投げ出されたという。

そこまで振り返ると、渡邉は一息ついてから付け加えた。

「(※事件として)立件されるかどうかは別にして、これはね、墳墓発掘罪という立派な違法行為であるのは間違いないんですけどね……」

確かに、大久保清の犯罪は憎んでも憎みきれない。しかし、地元の人が激した理由はそのことだけでもなかったようだ。

加害者と被害者の遺族が共に暮らす田舎町に、重ねて鞭をふるったのは、事件後のマスコミだった。女性たちが大久保の誘いにのったのはあまりに尻軽と、被害者とその遺族を中傷するような報道を続けた。大久保が車を乗り回して女性たちに声をかけた通りを「大久保ロード」と呼び、記者が地元の女性に声をかけてはナンパの成功率を競う、もはや悪乗りとしかいえないような報道もあった。町には大久保事件の現場を巡る観光客が押しかけ、あちこちで写真撮影する姿まで目につくようになった。

この上、大久保清の墓まで出来たとなれば、それこそ新たな〝観光スポット〟にされかねない。忌まわしい事件の記憶が静かに風化していくのをじっと耐えている町の人たちにとっては、傷口に塩をすりこまれるような事態が続いていた。そのような事情も重なって、町全体に大久保一族への怒りが満ち溢れていたとしても不思議はなかった。

「清の遺骨も、高齢の両親が亡くなっても、もう骨を納める場所もないのです」

骨が透けて見えるほどに痩せこけた姉はそう言って涙を流した。その後も姉は、時には妹を連れて何度か寺に報告にやって来たが、やはり墓地を見つけることは出来なかった。

見かねた渡邉は、大久保の家族の了承を得て、自分が遺骨を引き取ることにした。寺の墓地に密かに墓を建ててやってもよいかと思いながら、遺骨は三田の寺の本堂に安置しておいた。

それから何年かして、雑司ケ谷霊園の一角に東京拘置所の共同墓地があることを思いついた。大久保本人にとっても、縁もゆかりもない三田で眠るより雑司が谷の方がよかろうし、群馬から墓参りに出てくる家族も、三田より便利で参りやすかろうと拘置所に相談したのが、大久保の死刑執行から一〇年が経った昭和六一年（一九八六）春のことである。

共同墓地はちょうど大改修の計画が緒《ちょ》についたばかりで、大久保の遺骨はとりあえず仮に作られる保管所に納められることになったのだった。

二　死者の眠る場所

私が渡邉から託された幾つかの資料の中に、数人の名前が書かれた一枚の紙がある。

「いつか連絡して話を聞いてみてくれ」

リストの中のひとりが、一連の共同墓地の改修作業に深くかかわった東京拘置所の元幹部だった。教誨師の自分は作業の一部しか知らないので、彼に詳細を確かめてほしいと言う。それほどに渡邉は、共同墓地をめぐる話を後世に残すことに強い意欲を持っていた。

二〇一三年三月、色んな人の仲介を経て元幹部と会うことが出来た。東京・神保町交差点から歩いてすぐの半地下の薄暗い喫茶店で、話を聞いた。

「私も執行の時は、仕事と思ってやりました。最初の死刑囚こそ、可哀想に思ってうちの仏壇に彼の戒名を書いた紙でも供えてやろうかと思いましたが、もう次々ですから……。ひとり立派な職員がいましてね。こんな仕事は仲間にはさせられないと言って、ずっと自分から立候補して執行に立ち続けました、ずっとですよ。まあ、もう昔の話ですけど」

そう語り始めた元幹部に、墓地の話について聞いてみた。

「あれは拘置所始まって以来の大改修でしてね。私も死刑囚が眠っている墓を掘り起こすなんて、あんまりいい感じはしなかったんですが、まあ仕事ですから。やる以上はね、きちんと葬ってやらないといけませんから」

元幹部は何を語るにしても「仕事ですから」と自分に念を押すように繰り返した。

墓地の改修について話を聞きたいと事前にメールで申し込んでいたこともあって、彼は四半世紀も前のことで記憶も定かではないからと、当時つけていた「日記」を持参してくれていた。そこには次のようなことが書かれていた。

五月一日
雑司が谷の墓地に出向く。墓地特有の、陰鬱な雰囲気である。合葬の碑のほかに、まだ一〇基くらいの墓石、地蔵像が二体建っている。明治四二年から東京集治監《しゅうじかん》時代からの墓もあり、あまり触わりたくない感じ。お祓《はら》いを教誨師の方でする由。
五月二〇日
一五時から、墓地の改装の勤行を行う。導師は〇〇教誨師。その他にも色んな人が参列する。
五月三〇日
墓地の遺骨の見積もりが出る。四〇〇〇体との報告あり。

遺体が埋められていた芝生のエリアには、大正時代に一度、整理された形跡があった。埋葬されている四〇〇〇体とは別に、一〇〇〇体がすでに合葬され、その上に大きな自然石の墓石が建てられていた。つまり、新たに掘り起こして移さなくてはならない遺骨は、未整理の四〇〇〇体とあわせて五〇〇〇体ということになる。
元幹部は何度か現場に足を運び、作業を見学した。ある時、「吉展《よしのぶ》ちゃん事件」の犯人、小原保（昭和四六年執行）の骨壺を目にし、妙に生々しい気分にさせられたことを覚えているという。

事情が事情だけに元幹部の日記には、行政の改修作業らしからぬ類の相談ごとが幾つも列記されていた。お祓いはどうすればよいか、新しい合葬の碑はどの方角に向けて建てればよいか、どのような法要やお清めをやればよいか。さすがに拘置所も死者の霊には気を遣ったようだ。


全体の流れが掴めたところで、話は再び渡邉の回想に戻る。

渡邉が大久保清の遺骨を安置するために訪れたのは、墓地の隅に作られた仮の遺骨保管所だった。仮とはいえ、それなりに立派なもので大きさは直径一〇メートルほどあり、円錐形のドームのような形をしていた。

警備が厳重な拘置所の中とは違い、そこは公園の一角だ。侵入しようと思えば簡単にできる。悪戯などされたら大変と、円錐ドームの入り口はセメントでがっちりと固められていて、その頑丈さには渡邉も閉口した。同行した刑務官が専用のノミで、カンカンカンカン根気強くセメントを叩いて壊し、ようやく入り口のドアが開いた。

ヒンヤリしたドームの中は、カビくさい臭いが充満していた。まだ焼却していない生の遺骨が詰め込まれるように、所狭しと並べられている。

渡邉がドームに足を踏み入れると、目高の棚に横並びの髑髏《どくろ》が六つか七つ、真っ黒い空洞となった空《うつ》ろな目でジイッとこちらを睨んでいた。その一つと目が合ったような気がして、ドキッとした。あれは誰だろう、何か言いたいのか。そう思ったがどこか薄気味悪く、この日は空いたスペースに大久保の骨壺を置いて、そそくさとドームを出た。

それから数ヵ月後、集められた遺骨はまとめて焼却された。生の骨は焼かれると、元あった量の三分の一以下に減る。髑髏に睨まれたことが気になっていた渡邉は、焼却作業が終わった頃を見計らい、再び円錐ドームの入り口を開けてもらって中を覗いてみた。

すると、ドームの中の遺骨の山はすっかり消えていて、今度は黄土色の「ドンゴロスの袋」が何十と並べてあった。渡邉のいう「ドンゴロスの袋」とは、工事現場で使う土嚢《どのう》のような頑丈な麻袋のことだ。その中に焼却した遺骨が一緒くたにパンパンに詰め込まれていた。これには渡邉も「さすがに、ひどい」と思わず深い溜息をついた。

「あんたら、これはちょっと可哀想じゃないか。こりゃゴミじゃなくて人間の御骨ですから。刑の執行も終えた人たちですから。自分の家族にこんなことはせんでしょう。もうちょっと何か考えてやりなさいよ」

しかし、現場の刑務官たちはうろたえるばかりで埒《らち》があかない。仕方なく、所長に事情を話して頼み込み、多少の予算を用意してもらうことにした。渡邉は、栃木県の黒羽《くろばね》刑務所で受刑者が木工作業をして商品として販売していると聞いたことがあったので、桐の箱とまではいかないけれど、お棺用の木箱を何十個か作ってもらうことにした。

数ヵ月して、注文した木箱が東京拘置所に届けられた。

渡邉も刑務官に付き添い、彼らがドンゴロスの袋から遺骨を取り出して木箱へ移す作業に立ち会った。ともに焼却された大久保の遺骨も、その中にある。これまで見送ってきた者たちの顔をひとりひとり思い浮かべながら、作業の傍で「南無阿弥陀仏、南無阿弥陀仏」と唱え続けた。遺骨は、用意した木箱の三分の一程度の高さにすべて納まり、再び仮の円錐ドームに安置された。

それから一年ほどして、ようやく法務省の墓地の改修工事が終了し、木箱は新しく作られた納骨堂に移された。そして、慰霊塔も完成した。観音扉で開閉する慰霊塔の中には、大正時代の一〇〇〇体の遺骨を合葬した場所に置かれていた自然石の慰霊碑を据えた。

新しい慰霊塔の正面外側には、渡邉のたっての希望で「倶会一処《くえいっしょ》」と刻まれた。町の墓地でもよく見かける「倶会一処」という四文字は、『阿弥陀経』から引かれた言葉である。浄土真宗では、人間は亡くなると阿弥陀仏がいる限りのない光の世界、つまり浄土で仏となり、今度はかつての自分のように下界で苦しんでいる人々を救う立場になるとされる。浄土にいるのは阿弥陀仏だけではない。すでに往生して仏となった先祖や友人たちもいる。「倶」とは「ともに」という意味であり、「倶会一処」という言葉には、ひとつの処（浄土）に生まれ変わらせてもらい、あらゆる者と再会し、ともに働くことを喜ぶ気持ちも込められているという。渡邉はこの四文字が意味することを、とても大切に思っていた。

納骨堂に安置された木箱が、ようやく地中に埋葬されたのは、墓地の大改修から二〇年近くが経った二〇〇九年頃のことだという。

「木箱もいいけれど、いつかは普通の人たちと同じように土に返してやって下さいよ」

「ドンゴロスの袋」から木箱へ、木箱から土の中へ――。拘置所長が変わる度に再

三、頼んでいた渡邉の願いが、叶った。死しても尚、行き場のない遺骨はようやく、落ち着ける場所に辿り着いたのである。

「随分と時間がかかりましたけどね、なんとか実現することが出来たんです。こんなことはね、わっしが語らんかったら誰も知らんことですがね、みんな土に返してやれて、やっと安心して眠りについたと思うんですよ」

一連の話を語り終えると、渡邉はほっとしたような表情を見せた。

渡邉にとって、教誨師としての日々は自身の非力を嘆く日々でもあった。生きている間は十分なことをしてやれなかったかもしれないが、せめて彼らが最後の務めを果たした後くらいは人並みに葬ってやりたい。その思いを、半世紀近い歳月がかかったけれど、自分が現役でいる間になんとかやり遂げることが出来た。それは、死刑制度という国家の掟の中で働く一僧侶に過ぎない渡邉の、見送った者たちへのせめてものの供養だったのかもしれない。

三　病が照らし出した〝道〟

渡邉が朝から浴びるように酒を飲むようになったのは、二〇〇〇年を少し越えた頃からである。

　妙に目が早く覚める。

　咽喉が渇いて仕方がない。

　天井を見ながら、ウィスキーの瓶はどこに置いてあったか、ジッと考える。台所の瓶は誰かがとうに隠してしまっているに違いない。最近は隠し場所も手がこんできて見つけ出すのも骨が折れる。こういう時のために本堂の裏にこっそり隠していたのがあるじゃないか。そう思うと、もういてもたってもいられなくなる。

　家族に見られぬようこっそり床を抜け出して、本堂の裏手に小走りで回る。軒下を探ると、ウィスキーの瓶が手にあたる。ひとまずホッとして、キュッと栓を開ける。チョビチョビ舌で味わうようなまどろっこしい真似はしない。瓶の底を天にあおり、一気にキュ――ッと流し込む。焼けるような熱い液体がドクドク咽喉をとおり、すきっ腹に落ちてゆく。すると腹の奥の方がカ――ッと燃え始める。

　そこまで一気に語ると、渡邉は「これが何ともたまらないんだよなあ」と複雑な表情で目をつぶった。

　渡邉が晩年に苦しんだアルコール依存症の話もまた、彼が打ち明けたことのひとつだ。この病について触れることは、僧侶の一風変わった人生遍歴の紹介ではない。それどころか、このことが結果として渡邉にもたらしたことを考えると、彼の死刑囚の教誨師としての人生を考えるうえでとりわけ深い意味がある。

——あんた、わっしがこの話をすると、なんとなく可哀想な目でこっちを見るね？

(いえ、ご苦労があったんだなあと……)

別に苦労したわけじゃないよ、好きだから飲んでおったんだから。

(好きだから……)

どんどんどんどん、酷くなったんですよ。酒が好きですからね、わし。量が飲めんくせに酒の味が好きで。で、飲んでいる間にね、身体からアルコールが切れると何か心もとない感じがするようになって。「今日は何にもないな」と思ったら朝から飲む。お腹がすいてる時にウィスキーなんか飲んでみなさい、うん（※飲む仕草）、キ——ッとね、食道をウィスキーが下りて行く、その快感がたまらなくいいんです。ビールや日本酒じゃない、四三度のウィスキーでやるんだから、本堂の裏に隠して。うーん、隠れて飲むようになると酷くなりますね。だから、やっぱり

〝アル中〟はオープンにさせておかないとダメだと言うんですがね。家の者に隠れて飲むようになると、ますます酷くなりますよ。


(一日にどのくらい?)

二日に一本かな。ボトルを。

(ウィスキーの?)

うん、そうなっちゃうの、ガブ飲みですから。アメリカの戦争映画でGIがやってるでしょう、あれをやってみたい思うて。真似なんかしたらろくなことにはならないよ。

(そんな沢山飲むようになった、きっかけは?)

きっかけがあると良いんですがね……。まあ教誨師の仕事が辛くてなんて言ったらあなたに喜ばれそうだがなあ。ま、好きだったんですよ、ガキの頃から。酒の粕をよく隠れて食べて真っ赤な顔をして見つかって。「あ、これは赤い顔をしとる」ゆうて言われたでしょ。

(前科者でしたね)

うん。すぐ下の麻布十番なんか行ったら、一本九〇〇円くらいで売ってるんです、ウィスキーの安いのが。あれ飲んだら一日に四五〇〇円で依存症になれる。そんな高い金はかからん。バーなんかで飲むのとは全然、違います。バーなんか行ったら何万円もとられちゃって大したことにはならんでしょうが、その点、五〇〇円足らずで間違いなく依存症になれます。だからこりゃ、もういけないということになってね……。家の者が方々、医者を調べてくれたんです。でも、ここらの医者は全然、面倒見てくれない。それで結局、精神病院しかないってことで、精神病院へ入ることになったわけ（※精神科病院にはアルコール依存症を治療する専門の科を併設している施設がある）。

アルコールが身体から切れると、いてもたってもいられなくなる。手先が震えてどうにも落ち着かない。一転、何もやる気が起きなくなったりもして、気分の波が激しい。だが自分はただ「好きだから」飲んでいるだけだ。食欲は少し落ちたが、身体は痛くもかゆくもない。だから健康だ、と思うのは何も渡邉に限った話ではないようだ。

アルコール依存症は、飲酒の習慣がある三〇人に一人は罹《かか》るといわれ、決して珍しい病ではない。「否認の病気」という別名があるように自覚のないまま数年かけて進行することが多く、それが性格なのか病気なのか、本人にも家族にも分からなくなる。

一般にアルコール依存症の患者は、飲酒への要求と自制心との戦いに負けた敗者であり、「否認」により自尊心を守ろうとする。家族はそんな態度を「病」とは思えず、患者を責めたり酒を取りあげたりする。医学的な処置を怠っていると家族を巻き込んで事態は悪化し、周囲の人への暴言や暴力などの行為を引き起こすようになる。ところが当の本人は、「ブラックアウト」と呼ばれる記憶障害に陥り、すべてを忘れてしまって謝りもしない。家族は、対外的な恥ずかしさも加わって悩みを抱え込み、恨みを募らせ、患者が回復した後も関係修復は容易ではない。つまりアルコール依存症は単なる度を越した酒好きの病気ではなく、家族崩壊にも繋がりかねない重篤な病なのだ。

取材に対して渡邉は、当時の家族との関係については一言もふれようとしなかった。しかし、あえて語らなかったであろう事実は決して軽いものではないと推測される。

そんな事態に陥るまでアルコールに依存してしまう原因には、習慣的なものもあるが、何らかのストレスに堪えかねて現実逃避しようとする場合が圧倒的に多いという。それゆえに「心の病」とも位置づけられている。

渡邉は、どんなストレスから逃避しようとしたのか。尋ねてみたが、ムッとして口をつぐんで答えない。「ストレス」という言葉は気に入らないようだった。しかし、子どもの頃の酒粕の話を理由にされても納得するわけにはいかない。

渡邉は、何十年にもわたり死刑執行の現場に立ち会ってきた。長く語り合った相手の最期を見送る役回り。実際の現場を知らない者に心中は想像できませんね、と改めて問いかけると、「まあね、色々ありますがね……」と気乗りしなさそうな前置きをして、ボツボツと語り始めた。

それは、一九九〇年代に執行に立ち会った、ある死刑囚とのことだった。

知人を殺害して金を奪った罪で死刑判決を下されたその男は、長く渡邉の教誨面接を受けていた。どのような事情で事件を起こしたのかはよく覚えていないというが、多分に漏れず、普段は気のよい大人しい男だった。

この男について語るには、死刑執行の「告知」の方法について触れておかなくてはならない。全国の拘置所では一九七〇年代後半から、死刑執行を前日に本人に通告することを止めた。告知は執行の日の朝、つまり執行の直前に変えられたのだ。変更の理由は、執行を告知された死刑囚が前夜に独房で自殺してしまい、死刑を執行できない事態が起きたからだ。拘置所が、判決が確定した死刑囚に適度な食事を与え運動をさせ、厳しい作業も課さず健康な状態で生かしている究極の目的はたったひとつ、絞首台に立たせるため。そしてつつがなく、その任務を終えることにある。そのことを間違いなく遂行するために拘置所が選んだのは、自殺をされないよう見回りを徹底するという方法ではなく、直前まで告知しないという手段だった。

そんな事情もあって、その男は面接の度に渡邉にこう頼んできた。

「先生、私の時は、どうか前日にこっそり教えて下さい。私は絶対に騒ぎませんし自殺もしません。もう覚悟は決めています。ただ一晩、家族への遺書を落ちついた気持ちで、ゆっくりと書き残したいのです」

渡邉は「うん、うん」と答えておいた。別に嘘をつくつもりはなく、「この男なら大丈夫かもしれないな」というどこか前向きな気持ちがあった。一〇年近くも面接を続けていれば、相手の性格はだいたい分かるものだ。

ある時、雑司が谷の共同墓地で東京拘置所恒例の慰霊祭が行われた。式が終わった後、所長がそっと渡邉の傍に寄ってきて、唐突に耳打ちした。

「先生、あさって、〇〇〇（※渡邉が担当していた死刑囚の名前）をやりますから、ひとつ宜しくお願いします」

「ああ、あれですか」

所長は「はい」という代わりに黙って頷いた。通常、教誨師が執行の日付を聞かされるのは前日だったが、所長はベテランの渡邉を信用し、一日でも早めにと気を利かせてくれたのだろう。

渡邉の心は葛藤の嵐となった。出来れば、そのまま知らぬふりでやり過ごしたかった。しかし、男との面接は翌日に予定されていた。つまり、一日の日延べは永遠の日延べを意味する。どうする、とうとう最後の面接だ。失うものが大きいのはどちらか、ジッと考えた。あれなら取り乱すこともないだろう。「そろそろ遺書を書いておけよ」とか「あなたとは長い付き合いでしたな」と、ほのめかすくらいはしてやってもよいのではないか。しかし、いよいよ翌日に死刑の執行を宣告された人間が気が動転して大騒ぎする可能性はゼロではない。これまでも、そのようなケースは山ほどあった。そうなると、どこから事前に情報が漏れたのか大変なことになる。渡邉はすでに教誨師を束ねる全国教誨師連盟の幹部の職にあった。不祥事を起こすことなど絶対に許されない立場だ。悩みはしたが、結論を出した。

前日の面接では黙っておいた。一抹の気まずさはあったが、そんな気配をさとられぬよう努めて明るく話をした。普段と変わらぬふりを平然と演じることの出来る自分が、不思議に思えた。

翌朝、刑務官に囲まれて刑場にやってきた男が、控え室で渡邉の姿を見た時の表情は今も忘れられない。その目は怒りではなく、ただ深い哀しみに満ちていた。

「先生、あれほど頼んでおいたのに……残念でございます」

彼は、その日の朝食の後すぐ呼び出され、「面会でもあるのですか」と怪訝《けげん》そうに刑務官に問うたという。しかし、連れてこられた先は冷たい刑場だった。渡邉が勧めたタバコにも手を付けようとはしなかった。そして遺書の準備も何も出来ぬまま、慌しく執行されていった。

このことは渡邉が語りさえしなければ、渡邉と男の二人しか知りえぬことで、誰から咎《とが》められるわけでもない。当の相手も、もういない。しかし、最後に男が渡邉に向けた眼差しは、何度も夢に出た。渡邉は確かに、男が頼んでくる度に「うん、うん」と約束したのだ。渡邉が選んだ永遠の日延べは、人間としての裏切りに他ならなかった。

「残念でございます……」

男の無念の声が、耳から離れなかった。

いったい何のための教誨かと思い悩み、ある時期から彼らの身分帳にすら目を通せなくなっていたことはすでに書いた。そんな渡邉は、かつてこうも語った。

——真面目な人間に教誨師は務まりません。突き詰めて考えておったら、自分自身がおかしゅうなります……。

長く向き合った相手を、別れの時は自ら「人殺し」と呼ぶ儀式で見送らなくてはならない。その矛盾に満ちた行為に、いつしか心身ともに疲弊していった。相談できる相手はいない。だが、逃げるわけにもいかない。それをやり続けるには、深く考えることを止めるしかなかった。しかし他人の視線はかわせても、自分の心の奥までは誤魔化せない。周囲の人々をも傷付け、行き過ぎた形だったかもしれないが、「酒」という手段があったからこそ、渡邉は「おかしゅうならず」にすんだのではないか。酒で麻痺させたのは、頭ではなく心ではなかったか。そう推測してぶつけると、渡邉は無言で笑ったまま肯定も否定もしなかった。

いずれにせよ、渡邉はついには入院することになった。しかし、人生というのは本当に不思議なもので何がどう作用するか分からない。話は徐々に思わぬ方向に向かっていく。

飲酒しやすい環境から距離を置き、身体からアルコールを抜くことから治療は始まった。心の病はまず身体の病から治さなくてはならない。

渡邉は六人部屋に入った。病棟には、若い人からおばちゃんまで女性が多いのに驚いた。一方、男の患者には退職してやることが無くなった壮年の者が目立った。朝から飲んでいるうちに「自分はまともなのに家族に強制入院させられた」と真顔でこぼしている者もいて、まるで今の自分を見せられているようないやな気分にさせられた。それも入院の効用かもしれなかった。

禁酒と一言で言っても禁煙と同様、そう簡単に達成できることではない。患者の中には、ベッドの下に日本酒のワンカップを隠して飲んでいるのが見つかり、死刑囚の独房さながら鍵のかかった「保護室」に三日も入れられたり、病院から退去させられる者も沢山いた。とにかく断酒のための入院である。同じように苦しむ者どうしが励ましあい、酒を断たなくてはならない。

ただ、酒を飲まないことを約束すれば、外出も外泊も自由だった。渡邉も病院から拘置所に通ったり、知人の寺に布教に出かけたりもした。幸いこの間、執行はなかった。実はこの頃から周囲の配慮もあって、高齢の渡邉が執行に立ち会う機会はめっきり減っていた。

入院当初はトラブル続きだった。入院中は専門のカウンセラーによる講義が頻繁に行われた。ある日、三〇歳くらいの若い女のカウンセラーが「酒害」というテーマで話をした時のことだ。「あなた方はストレスで酒を飲むからこういうことになるんですよ」と叱られ、渡邉は思わず手をあげた。

「あんた、ちょっと待ってくれ！　わしはストレスで酒を飲んだことはない。好きだから飲んでるんだ、酒を馬鹿にするようなことを言わんでくれ。酒に失礼だ！　あんたの講義はおかしいぞ！」

講義の後、主治医に呼び出され大目玉をくらったのは言うまでもない。渡邉も若いカウンセラーに偉そうなことを言いながら身体はそれでも酒を欲しているのだから、きまりは悪かった。このようなことは何度もあった。その度に、「お前に何が分かる！」と心の底から怒りが湧いた。「ストレスによる飲酒」という言葉に〝アレルギー〟になったのは、この時からだ。

入院して数週間が経ったころ、病棟で興味深い現象が起きるようになった。

渡邉が僧侶であることを知った入院患者たちが次々と、食事の後や寝る前のわずかな時間を見つけては渡邉のところへやってきて、人生相談の列を作るようになった。

「親の位牌をそのままにしているが、祟りはありませんか」

「自分がこんな状態になったのは、祖先の墓参りをしていないからでしょうか」

「親の葬式をきちんとあげなかったから病気が治らないのだろうか」

みな、今の自分を見つめようとせず、原因をどこか違う場所に求めようとしていた。他者のせいにすれば、確かに気持ちは楽になる。だが悪役にされるご先祖様は、たまったものではない。自身もアルコール依存症で苦しむ渡邉は、自分のことを棚にあげて気の進まぬ説教をしなくてはならなくなった。

「あんた、自分が死んで魂になってから、自分の子や孫が苦しむようなことをわざわざしますか？　しないでしょう？　死者の霊が祟るなんていう考え方は日本の神話や迷信からきていることで、仏教ではそんなこと一言も言っておりません。今、起きていることはすべて自分に原因がある。他人のせいにして、自分から逃げたらいけませんぞ」

そう言い含めると、みな悪霊から解放されて安心したかのように「確かにそうですね」とホッと息をつき、今度は長い身の上話が始まるのだった。

病院に相談役のカウンセラーは何人もいる。なぜこんなに相談が絶えないのか。不思議に思った渡邉は病棟を観察してみた。するとカウンセラーたちは、まるで医者のように振る舞っていて、行き場のない患者を治療してやっているというような目線の高いオーラをらんらんと発していた。断酒が辛いなどと相談しようものなら叱られそうな雰囲気すらあった。

一方で患者たちが一番、気さくに話をしていたのは、日に一度、部屋にやってくる顔馴染みの掃除のおばちゃんだった。おばちゃんは、入院患者の家族構成から悩みから性格からすべて熟知していた。忙しそうに作業の手を動かしながら「そうねえ、そうねえ」と頷き、彼らの愚痴を聞いている。長引く話を断ち切ろうともせず耳を傾けてやっている。これといって有効な解決方法を示しているわけではないのだが、辛抱強く相槌を打ちながら共感を示していた。

そんな掃除のおばちゃんの姿を見て、渡邉はハッと気がついた。病院の患者も、拘置所の死刑囚も、実は同じではなかろうか。教誨師である自分も、あの医者のような高飛車な雰囲気をまとったカウンセラーになってはいなかっただろうか、と。「お前に何が分かる！」という怒りは、まさに自分がこれまで、死刑囚たちから浴びせられたものでもあった。

病院から東京拘置所に通い始めた最初の頃は、入院していることは隠しておいた。やはり「教誨師が〝アル中〟ではきまりが悪い」と思ったからだ。苦しい断酒との戦いで体調や気分にも波があり、面接に行けないことも何度かあった。面接を休むなどということは、皆勤賞の渡邉には何十年もなかったことである。

休む度、どうでもいい理由を持ち出しては、いちいち嘘をつかなくてはならなかった。嘘を隠すために、また別の嘘を重ねることに虚しさを感じた。「もう楽になりたい」。渡邉はとうとう死刑囚たちに、今の自分のことを思い切って打ち明けることにした。

「実はわっし、今、〝アル中〟で病院に入っとるんじゃ。酒が止められんでね。たびたび面接も休んでしもうて、申し訳ないことですな」

平素は〝先生〟である教誨師の思わぬ告白に、さらに思わぬ反響が返ってきた。死刑囚の中にはアルコール依存症など序の口、覚醒剤中毒に苦しんだ経験を持つ者が多くいた。

「先生、あんたもか！　それは苦しいだろう、分かるよ。覚醒剤も酒も同じだ。でも、私は独居房ですっかり薬が抜けましたよ。フラッシュバックで大変な時もあったけど、もう平気。まずは身体から薬を抜く、それしかない。自分で止めるしかありませんよ」

〝自分で止めるしかない〟――。逆に死刑囚たちから指南され、励まされた。

噂はあっという間に広まった。死刑囚たちは渡邉という一人の坊主に興味を持ったようだった。それまで黙って経典の解釈を聞いていた者が、酒や女の話など自分の方から経験を打ち明けてきた。少し休んで面接へ出かけると、「先生、大丈夫だったか」と抱きついてくる者まで現れた。死刑囚が教誨師に走り寄って抱きつくのだから、付き添いの刑務官は目を白黒させていた。

渡邉が本来は隠したいような弱みをさらけだしたことで、彼らは教誨師という特殊な立場にあった渡邉をひとりの人間として認めたのかもしれなかった。

言うなれば渡邉はこの時、医者面したカウンセラーから、東京拘置所の掃除のおっちゃんになったのかもしれない。それまで自分は心のどこかで、師匠の篠田龍雄のような立派な教誨師にならねばと常に肩に力を入れ背伸びをしていたと渡邉は振り返る。病との闘いは、教誨師としての生き方に行き詰まっていた渡邉に思わぬ副産物をもたらすことになったのである。

——面接でね、「わし、実はアルコール依存症なんだ」なんて言うとね、やつらも面食らったよ、「へえ！」なんてね。「教誨師が恥ずかしい話だよなあ」なんて言ったりして、もう本音もいいとこ。それで楽になってね。覚醒剤なんかでも同じだそうですよ。彼らが言うんです。「覚醒剤なんて自分で止める以外に止める道はありませんよ」と。「他人が止めさせてくれるだろうなんていうのは大間違いですよ」とね。「それがない限り死ぬまで続きますよ」と、それが犯罪に繋がっていくんですからね。

そういうことがあって、「ああ、これはやっぱり自分で止める以外に道がないな」と思いましたよ。病院なんかに頼ろうとすること自体が間違っておった。自分で止めないとしょうがない。最初からそうなんですよ、ははは、それを分かってなかっただけの話で、それを分かるために病院に入ったようなもんですわな。

それまで正直、少し疲れておったようなところもあって、迷いもあって……。それがまた、くだらん話をしたり、なんだかんだとやりながら。彼らも看守には言えんことがあるじゃないですか。（※拘置所の中で）民間人は私だけで、しかも偉い坊さんどころか〝アル中〟の坊主だから、ははは、言えないことが言えるわけ。毎回、「エロ話」ばかりに花をさかせてね、ついには「先生、そろそろ真面目な話を聞かせて下さいよ」ゆうて催促されて大笑いしたこともあったですな。そんな合間に本音を語ることもあったりね。まあ、そういう意味じゃあ、……教誨なんてものは結局、大して、大きな声で言えるような仕事じゃないっていうことですよ。逆に考えてみれば、連中によって私が教えられた、育てられてきたんだよなあと、今になってつくづくそう思いますよ。

アルコール依存症であることを死刑囚に告白した時の話ほど、渡邉の顔がゆるんだことはない。「連中によって教えられた」という言葉。それは、決してきれいごとではなく、渡邉が苦しみもがいた末にようやく摑んだ実感だったのだろうことが、その表情から感じとれた。

同じ頃、広島に暮らす実妹から届いた長い手紙も、胸にこたえた。手紙にはこう書かれていたという。

〈御兄さん、原爆の後、お母様が八月一九日までじっと寝ずに帰りを待った大切な命を、そのように粗末に扱ってもよろしいんでございますか?〉

手紙を読んで、ふと孔子の弟子、曾子《そうし》が『孝経』に書いた言葉を突きつけられたような気がした。

——身体髪膚《はっぷ》これを父母に受く　あえて毀傷《きしょう》せざるは孝の始めなり

人の身体はすべて父母から恵まれたもの、傷つけないようにすることが孝行の始まりという意味だ。懐かしい大カヤの木の向こうに、原爆に焼かれた自分を乗せて山向こうの病院へとリヤカーを引いて歩いた母の小さな背中が浮かんで見えた。これが決定打となった。

病院は二ヵ月余で退院した。以降、一滴の酒も口にしていない。当時の渡邉を知る人たちは、あれだけ苦しんでいた渡邉が、入院して僅かの間にきっぱりと酒を断ったことを不思議にすら思ったと口々に語る。

禁酒を続ける身には、寺の住職の大切な仕事である「法事」はとても危険な場になったが、酒が出る席は遠慮して引き揚げるようにした。何十年と禁酒していても、一口飲んだら元の木阿弥になってしまうと、拘置所の彼らから面接の度に釘をさされていた。以来、酒には近寄らないことにしているのだという。

かつて、生前の篠田龍雄が語っていた。教誨師の仕事とは「空」であると。

死刑執行までの長く孤独な道のりに、ほんの一時でもほっとできる時間、空間をつくることの大切さを彼はよく説いた。死刑囚のノド自慢大会で居眠りした時の話。時間に追われる都会の中で、時には公園で息を抜くような時間を、彼らに与えようという話。いずれも、苦しみが充満した心に風を吹き込み、ゆとりを生じさせるためだった。自ら犯した罪や被害者のこと、残された時間を生きることに思いをめぐらせるためにも、教義を教え込むことより、自分自身に向けて考えるための〝空間〟を作ることが大切だと篠田は語っていた。

しかし、若き日の渡邉に、その話に込められた深い意味を受け止める余裕はなかった。自分は教誨師として死刑囚たちに出来る限りのことをしてやりたい。悪人と呼ばれるお前こそ阿弥陀様に抱かれるのだと伝えてやりたい。〝悪人正機〟の教えを伝えることこそ教誨師のあるべき姿と信じてきた。そうして渡邉自身もいつしか、心の内に〝空間〟を失っていた。

しかしアルコール依存症になって、人生に足踏みをしてから気がついた。自分の教誨は一方通行だった。教誨の「誨」に、「戒」という字は使わない。それは、彼らを「戒《いまし》める」仕事ではないからだ。「誨」という字には、ねんごろに教えるという意味が込められている。それなのに自分はいつも大上段に構え、何かを伝えなくてはと焦ってばかりいた。

置かれた場所は変わらなくても、心の持ちようで生き方は変えることが出来る。振り返ってみればそれは、脱獄囚の山本や、ひらがなを習得した木内ら、処刑されていった多くの死刑囚たちが渡邉に見せてくれた姿でもあった。

読むことが出来なくなっていた死刑囚の身分帳。どこか後ろめたさも感じていたが、それもやっと「読まなくてもよい」と心の底から思えた。彼らが渡邉に語りたいと思うようになった時に、心が開いたその時に、じっくり彼らが発する「言葉」に耳を傾けてやればよい。

許されざる罪を犯し、命で償えと送られてくる死刑囚。彼らの未来は、それ以上でもそれ以下でもない。反省や更生ではなく、究極の「罰」を受けること。それが、社会が彼らに求めた最後の仕事だ。そこに宗教者が乗り込んで、何か出来ると思うことのほうが間違っている。そう考えたのは、開き直ったからではない。死を突きつけられた人間に対して他人が、そう簡単に「救い」など与えられるものではない、その現実を、渡邉はようやく受け入れたのだ。

ただ相手の話に真摯に耳をかたむけ、「聴く」。少しでも穏やかな時間を作る。偏見を持たず、ひとりの人間として向き合い、会話を重ね、時を重ね、同じ空間に寄り添う。出来ることは、それだけ。教誨師としてそれが本当に正しい答えなのかどうか、正直、今でも分からないと渡邉は言う。しかし、それ以上のことが出来ないこともまた渡邉には痛いほど分かっていた。渡邉は、「考えてみると大した仕事じゃないね」と笑いながら、最後にこう付け加えた。

「犯罪というのは、被害者の家庭も崩す、自分（※加害者）の家庭も崩す、いいことなんか何もない、ええ。本人が執行されても、幸せになった人間は、誰ひとりもいません。誰も幸せになってない。だから、そういう犯罪を防ぐ、減らす運動を、本当は考えないといけない……。それが、今の私の考えですよ」

かつて師匠の篠田龍雄から後継に選ばれた理由を尋ねた時、渡邉は「自分がどこかいい加減な人間だから」と答えた。遊びのない人間に教誨師は務まらないという意味だった。しかし篠田の心は、渡邉の答えとむしろ逆だったのではないか。渡邉は、無器用なほど真剣に教誨に臨み、自分の非力を嘆きながら懸命に師匠に追いつこうとした。果てに病に倒れ、それでも死刑囚教誨の道を必死に模索した。

渡邉は聖人だったわけではない。器用な男でも、なかった。教誨一筋に尽くすあまり、彼が自身の生活の中で傷つけ、犠牲にしてきたものは少なくなかったはずだ。半世紀もの間、彼を支え続けた家族もいる。渡邉が歩んだ道のり、そこにはまだ、私には語ろうとしなかった別の物語もあるのだろう。

「ま、とりとめもない、つまらん話をしましたな」

いつになく長い話が終わり、渡邉は一度、大きく息をついた。そして、ふと何かを思いついたように、こちらに視線を戻した。

「ところであんた、酒は飲みますかな？」

「は？　ええ、少しくらいは」

私がそう答えると、渡邉は黙って、居間に据え付けの箱型の酸素濃縮装置からカニューレを取り外して携帯用のボンベに付け替えた。そしてゴロゴロとボンベを引きずりながら、そそくさ障子を開けて出ていった。この日も聴き取りは四時間に及んだ。窓の外はすっかり夕暮れとなり、いつもの和室は柔らかな色の光に包まれていた。

私は、机の上のカセットテープレコーダーを片付けながら、まさか今さら宴席への誘いでもなかろうにと怪訝に思いながら待っていた。すると暫くして「実は隠しておいたものがあるんですわ、いや参ったなあ」と、渡邉が独り言ともつかぬ大きな声でブツブツ言いながら何かを抱えて戻ってきた。再び座布団に胡坐《あぐら》をかき、呼吸を整え、いかにもきまりの悪そうな顔をして風呂敷をといた。そこから取り出したのは、黒色のウィスキーのボトル。

「これ、持って帰ってくれんさい。もう、ここにあっても仕方ないものですけえ」

二度と酒には近寄らぬと言いながら、大切にしまっていたのだろうか。その顔はどこか残念そうにも見えた。とにかく急いで回収しなくては、と焦らされたのはこちらの方だった。礼を言って受け取ったが、果たしてそれが寺に残された最後のボトルだったのかどうかは、いまもって不明である。

終章　四十九日の雪

この世の穢れをすべて覆い隠そうとするように、雪は降り続いていた。

二〇一三年一月一四日、早朝から降り始めた雪は昼になっても衰えることなく、わずか数時間のうちにコンクリートの町を一面の銀世界に変えた。都心で近年まれにみる八センチの積雪を記録した、そんな日のことだった。

連休の昼間というのにまったく人気《ひとけ》のない麻布十番駅で地下鉄を降り、地上へと続く長い階段をひとり上った。上から吹き込む空気は冷凍庫のように冷え切っている。地上に出て歩を進めると、くるぶしのあたりまで雪に埋もれ、普段はなんてこともない平地の一歩が思うように運ばない。ただ、足取りが重く感じるのは大雪のせいだけではなかった。

なんとか二ノ橋まで辿り着き、日向坂を見上げた。天上から白い固まりが音もなく舞い落ちてくる。約束の時間には、少し遅れていた。滑らぬよう一歩、一歩、慎重に踏みしめながら前のめりで坂道を上るも、積もったばかりの新雪は意地悪に足をとる。最後の最後まで、この急坂には苦しめられた。

三田の丘の上は一面、水墨画の世界で、静まり返っていた。あたりは夕暮れのように薄暗く、一台の車も人っ子ひとりも見あたらない。下り階段の突き当たりに構える當光寺の本堂もすっかり雪化粧し、まるで初めて訪ねる場所のようなよそゆきな雰囲気を湛えていた。

儀式の始まりを告げる寺の鉦《かね》が打ち鳴らされている。

鈍い鉦の響きが長い尾を引いて、あたりの静寂に染み込んでは消えてゆく。襖《ふすま》の向こうからオルガンの旋律にのって真宗宗歌のおだやかな調べが漏れてきた。予報にもない大雪のせいか、本堂で頭《こうべ》を垂れる参列者の数は少ない。若い住職の生命力に満ちた読経の声だけが、白黒の世界に色を添えていた。

渡邉普相が息をひきとったのは、二〇一二年一二月一日、午後八時過ぎ。八二歳の誕生日を翌月に控えた師走の夜だった。

生前の渡邉はよく、自分と同じ肺の病気で苦しみながら亡くなった父の姿に、「自分も苦しむだろう」と自身の最期を重ねていた。しかし、そんな心配とは無縁に安らかな最期だったという。周囲の心配をよそに「いつ退院できるかな」などと言いながら、寺には好物の瀬戸内海のジャコをたくさん買い込んでいた。それはついに食べずじまいだったが、家族に見守られながら静かに目を閉じた。

渡邉の死を知らされた東京拘置所の九〇歳を越える死刑囚は、「私よりも若いのに……」と涙したということを、後日、関係者から聞いた。

最初は、突然のように感じられた訃報だった。

しかし渡邉は、もう八年前から、間もなくこの日がやって来ることを覚悟していたという。医師からは治る病気ではないことを宣告され、六、七年後の生存率がゼロパーセントであることも伝えられていた。私と出会ったのは、四年前。渡邉からすると、宣告された残りの日々がもう半分を切った頃の計算になる。

渡邉が肺の病気を患っていることはもちろん知っていた。息苦しそうな様子も気にはなった。しかし、彼の話をまとめる作業はまだ何年も先のことだろうと、私はどこか高をくくっていた。会う度に懸命に語る姿に、「死」は遥か先のことと思い込んでいた。

しかし、「わっしが死んでから形にしてくれ」と阿弥陀様の前で念を押した言葉。それは遠い未来の話ではなかった。彼は自分に残された時間を数えながら、懸命に遠い記憶に向き合っていた。そのことを私がようやく知ったのは、この大雪の日、四十九日の法要の席でのことだった。


渡邉が亡くなる二ヵ月ほど前、携帯電話が鳴った。

「わっしが寝ておる部屋からね、羽田空港から飛び立った飛行機が見えるんですよ。何機も何機も次々とね、真っ青な空に白い筋を残しながら西の方へ飛んでいくんだよ。ありゃ、広島に向かっとるんじゃと思うんです。あれに乗ってね、もう一度、広島に帰りたいよ」

いつになく哀愁のこもった声に私は少しドキッとし、あえて明るく答えたと思う。

「来年の夏、広島に行きましょう。少々の坂は私が車椅子を押しますから」

その電話が最後、約束は果たせなかった。

二年前の初夏、私は彼が生まれ育った広島の寺を訪れた。今も境内に凛とそびえる大カヤの木、古い佇《たたず》まいの御堂や鐘楼、そして彼が走り回った村の風景を何十枚も撮影して東京に戻った。連日の猛暑で体調を崩し、もう故郷には帰れないとしょげ返っていた渡邉を励まそうと写真を渡した。

彼は嬉しそうに一枚一枚、穴が開くほど眺めた後、「これ全部、わしの分も現像してもらえんだろうか」と言った。人生最後の数日間、病床で何度も、その写真を手にとっては眺めていたという。永遠に閉じた目には故郷の、あの大カヤのある風景が映っていたのだろうか。


一四歳の夏、渡邉普相は、辛うじて繋がった生への糸を摑み取った。焼け野原で、自分自身が生き抜くための歩を刻んだ。それから後の人生は、命の時間を限られた死刑囚に寄り添い、教誨師として生き抜いた。命が消える間際の時間に誰よりも多く立ち会い、それを見送りながら八十余年の人生を閉じた。

彼が見つめた「死」はいずれも、自然の摂理がもたらしたものではなかった。若き日に広島で見たのは、戦争という人間の愚かさが作りだした無用の「死」であり、東京で見たのは、人間が法律という道具で作りだした罰としての「死」であった。

渡邉は、自らに課された固い守秘義務を忠実に守りながら、人間が定めたその掟の中で懸命に務めを果たした。自らが携わった行為を「人殺し」と呼び、それが本当に正しいことかと苦しみながら、いや、それが現実にある以上、逃げてはならぬと現場に立ち続けた。

　年老いて小さくなった背を丸め、本堂の阿弥陀仏に身を投げ出すようにして一心に祈っていた後ろ姿——。教誨師の職を離れ、ひとりの人間に立ち戻った時、渡邉が抱えたであろう矛盾に満ちた哀しみの深さには、いまもって想像が及ばない。

ただ見送ることしか出来なかった、ひとつひとつの命。自分が語らねば誰も知ることのない人生。そして、彼らに向き合った自身の生き様。心の奥底にしまい込んだ半世紀の記憶を、渡邉は語り尽くした。善でも悪でもない、正でも邪でもない、人間とはみな、弱い生き物であるということを彼は伝えたかったのだと思う。


　本堂に立ち込める焼香の煙の向こうに、生前の渡邉がきりりと前を見据えた硬い表情で写真におさまっている。第三十世住職、そして全国教誨師連盟元理事長という立派な肩書にふさわしい顔だ。両の眉毛を極端に下げて、困ったように、はにかんだように笑うあの笑顔とは違う、よそいきの顔——。

　本堂でふと視線を上げる度に、「やあやあ、お待たせしましたなあ！」と、いつもの照れくさそうな笑顔が現れそうな気がしてならなかった。しかし、そこにいた人は、もういない。永遠に、いない。どんなに願っても、二度と語り合うことも叶わない。「死」とは、そういうことなのか。この瞬間は耐えがたいその〝空白〟を徐々に受け入れながら生きることが、死に向き合うということなのかもしれない。

四十九日は、故人の霊が仏になり天へとのぼっていく区切りの時であるという。多くの死刑囚を見送った渡邉もまた、向こうの世界へと旅立った。「倶会一処」――。渡邉が眠ることになる墓石にも、この四文字が刻み込まれていた。

外の雪はまだやむ気配もない。

遥か遠い天上で生まれ、地上へと落ちてくる雪。その結晶は大きさも形もさまざまだが、いつか必ず地表へと辿り着き、やがて消えてしまう。

人間もまた、この世に生を受けた瞬間から「死」へと向かって時を刻む。ひとりひとりに与えられた時間の長さは異なるが、必ず等しく、その時は訪れる。どんなに科学が進み医学が進歩しようとも、生物として生まれ持ったその宿命から逃れることは出来ない。

死後の世界がどうなっているのか、本当に阿弥陀様が両手を広げて浄土で待っているのか、長く渡邉の話を聞かせてもらったが、今の私には分からない。しかし、そのことを考える前に、今この瞬間、まだやらなくてはならないことが沢山ある、そのことだけは確かなようだ。

この世は不条理に満ちている。愛する者といつか必ず別れねばならぬ哀しみ、正しく生きようとも報われぬ怒り、取り返しのつかぬ愚行への悔恨、そして必死に生きながらも肉体は確実に死へと向かう摂理。事故、災難、病苦、いわれのない苦難を背負わされ、人に与えられた幸福の量とは最初から不公平なのかと世を怨んだりすることもある。

しかし苦しみや哀しみも、人の一生の流れの中にとどまることはない。そのことを仏教は「無常」と呼んだ。永遠に続く幸せがないように、永遠に癒えぬ哀しみもない。だからこそ、人は生きていける。今は到底越えられぬと思う苦しみから永遠に解き放たれること、つまり「無常」からの解放は、もはや「死」でしかない。

その「死」を迎えようとする間際、「あと二、三日待ってもらえないか」と懇願した命があった。そして自らに残された時間を誰よりも自覚しながら、最後まで好物のジャコを用意した渡邉がいた。いずれも、彼らがこの世での輝きを失う間際に等しく見せた、人間のありのままの姿だと思う。

私たちは、死に向かって生きるのではない。迷いを重ねながらも、最後の瞬間まで間違いなく自分という命を生き抜くために、生かされている。そうであるならば、どんな不条理に満ちたこの世であっても、限られた時間、力を尽くして生きたいと思う。どのような過ちを犯した時も、どんな絶望の淵に陥った時も、少しだけ休んだら、また歩き出す力を持ちたい。人は、弱い。だからこそ、それを許し、時には支え、見守ってくれる寛容な社会であることを心から願う。

日向坂を振り返ると、絶え間なく降り続いていた雪はようやくまばらになったようだった。坂の上に立ち込めていた黒い雲の間に、西側からやんわりとした太陽の明かりが差し込んでいる。間もなく、雪もあがるだろう。

次にこの坂道を上る時、私はきっと、あの時の約束を果たしたことを渡邉に報告する。解き切れず残った疑問が幾つかあることへの謝罪と、そんな質問も受け付けずすべてをそのままに、急にいなくなってしまったことへの、ほんの少しの文句も付け加えて。

（本文中の敬称は一部を除いて略しました）

あとがき

なぜ彼は、長く秘めてきた思いを打ち明けたのだろうか——。

自問自答しながら執筆を進めてきましたが、物語を書き終えた今ようやく、その疑問は大きな問題ではないと思うに至りました。彼の告白をどう受け止め、どう生かすかは、死刑執行の現場を見えない手で支えている私たちひとりひとりに託されたものであり、それぞれが痛みを共有し、思いを深めていくことだろうと考えています。

生前の渡邉さんの希望もあり、本書では二点のことに留意しました。取り上げる事件は、主に一九七〇年代までのものに留め、歴史上、広く実名が知られている人物以外は全て仮名としました。

立場を越えて惜しみない協力を与えて下さった東京拘置所元職員の方々、文中に登場する関係者のご遺族、貴重な資料を根気よく集めてくれた櫻井洋亮さんの尽力なくして本書は形になることはありませんでした。

教誨師として人生を生き抜いた渡邉普相さんに改めて感謝の気持ちを捧げ、貴重なお話を遺して下さったことに心からお礼を申し上げます。

二〇一三年一二月

筆者

文庫化によせて

渡邉普相《わたなべふそう》氏から話を聞いている時、幾度となく思い浮かべたギリシャ神話がある。「シーシュポスの神話」だ。罪人に厳しい労働を課し、それが終わると、その労働の成果を台無しにするという苦役。例えば囚人に炎天下、穴を掘らせる。ある程度の深さに達すると看守がその目の前で穴を埋め戻す。そして再び囚人に穴を掘らせ、また埋め戻す。これを延々繰り返すと、囚人は自殺に追い込まれるほどの精神状態に陥るという無情な話だ。

人間は、ほんの一縷《いちる》でも希望がなければ生きていけない。教誨師という仕事に、果して希望はあるのか。なければ、何を支えに歩み続けるのか。自らの命をかけて渡邉氏が語り残してくれた事々は、そんな懊悩《おうのう》に満ちていた。

二〇一四年、単行本『教誨師』を出版する際、ある壁が立ちはだかった。法務省が教誨師に課している「守秘義務」の問題だ。本書の内容は、まさにこれまで厳しく伏せられてきた現場の内実を白日の下に晒《さら》すものである。実際に法務省から圧力がかかったわけではないけれど、それを忖度《そんたく》する動きはあった。渡邊氏の名前を匿名にしてはというような話まで持ち上がった。たとえ出版差し止めになるとしても、事実を葬り去るわけにはいかない。とにかく本という形に残しておけば、後世きっと役立ててくれる人が現れる。そう信じて出版に臨んだ。

すべては杞憂《きゆう》だった。出版後の反響は想像を超えていたからだ。「教誨師という仕事があることを知らなかった」という感想が圧倒的に多かったことには驚かされたし、全国各地で教誨の現場に立つ方々から次々に連絡を頂いた。渡邊氏の言葉が、日の当たる場所で多くの人に受け止められたことが何より嬉しかった。

その後、全国の何十というお寺を訪ねることとなった。各地の会合では、貴重な対話を重ねることができた。教誨師として数十年務めてきたベテランの方は、自身の経験や現在抱えている苦しみを少しずつ吐露された。これから教誨師になるのだという若い僧侶は、少しでも多くの情報を得ておきたいと意欲に溢れていた。「このような場で教誨について語ることができるとは夢にも思わなかった」と喜んで下さった方もいたし、「ご本は法務省内の書店に平積みで置かれていますよ！」と重大な秘密を打ち明けるように耳打ちしてくれる方もいて、思わず苦笑いさせられた。

また、龍谷大学矯正・保護総合センターの主催で教誨について考えるシンポジウムも開かれた。全国教誨師連盟総裁（当時）で浄土真宗本願寺派の前門主・大谷光真氏とは対談をさせて頂いた。さらに現役の教誨師の方々が、教誨の仕事について一般の人を前に発言したという事実は、恐らく過去にないことだったと思う（会合の詳細は『宗教教誨の現在と未来』本願寺出版社参照）。出版前の空気を考えれば隔世の感があり、重い扉がわずかではあるが開き始めたような感慨を抱いた。

このような場で人々の話に耳を傾けるにつけ、守秘義務のありようについて思う。個人の大切な情報が守られることの大切さについては論をまたない。だが苦役ともいえるこの仕事に、答えの出ない問いを抱え、苦しんでいる人たちが大勢いる。日の当たらぬ場所で、誰にも褒められることなく、それでも死を待つ人々に心身を捧げている宗教者たちがいる。そんな彼らに、同じ立場にある仲間どうしでも、家族の間でも一言も漏らしてならぬと禁じる現在の守秘義務とは、一体、何を、誰を守るためのものなのだろう。

また、現役の教誨師の方々から共通して挙がった意見が幾つかある。現在の死刑囚の処遇のあり方についてだ。彼らがあまりに隔絶された孤独な場に閉じ込められており、そのことが却《かえ》って、教誨という仕事を難しくしているというのである。

現在、特に危機管理の観点からであろうけれど、死刑囚の生活の場は完全に独房のみに限定されており、面会もごく限られた相手だけ、運動も前面と左右三方を壁に囲まれ一人きり、他の誰かと廊下ですれ違うことすらない。

表向きには、外部との交流を断つことで死刑囚の「心情の安定」を図る措置であるとされている。そうすることで生きる気力を奪い、執行をしやすくする狙いがあると指摘する研究者もいる。そのような閉鎖的な状態に置かれた人間の耳や心を、月に数度、それも一時間足らずの教誨面接だけで開かせることは確かに至難の業だろう。

本書でも紹介したが、東京拘置所では一九七〇年代半ばまで、年に数回、拘置所長も交えて死刑囚たちの昼食会が開催されていた。時には刑務官と死刑囚チームが、靴下で作ったボールを使って野球の対戦をすることもあった。教育課の部屋でビデオ鑑賞が行われていたという記録もある。教誨も、現在のマンツーマン方式に加えて、月に一度は同じ宗派の者たちが集まっての集合教誨の場が設けられた。法話を聴いたり、社会の出来事について語りあったり、季節の行事を行ったり、被害者の命日が重なればみなで読経をしたり。互いに意見を交わすことで、死刑囚もまた様々に考えを深めたり、気持ちを落ち着かせたりすることができたという。

人は人とふれあうことで成長していく。裁判の判決が確定してからこそ、真の贖罪《しょくざい》の道が始まるとも言える。大きな業を背負い、長く険しい道を進む人を、たったひとりの力で支えることには限界がある。

渡邉氏への取材が終わりかけた頃、ふとつぶやくようにその口から洩《も》れた言葉が忘れられない。

「本人が執行されても、幸せになった人間は、誰ひとりもいません」

教誨師に限らず、死刑という難題に真剣に向き合ったことのある者なら、その立場を問わず、誰もが共通して胸に感じる「虚無感」のようなものがある。

罰としての死を目前にした者に対して、きれいごとは通用しない。教誨という仕事には全力を傾注してもなお足らぬほどの労力が必要になる。どんなに真剣に手を尽くし心を寄せても、教誨師は執行する側に立ち、相手の死を黙って見送ることしかできない。命のありように真摯に向きあうことを生来の仕事とする宗教者からすれば、あまりに無力である。

社会が事件について遠く忘れ去った頃、死刑は執行される。世間で言われるような「とうとう仇《かたき》を取った」とか「正義が貫かれた」などという勇ましい感慨も、達成感も、そこにはない。被害者遺族も、もろ手を挙げて喜んでいるわけではないだろう。

私たちは、死刑のある国に生きている。いかなる事情があるにせよ、生身の人間が、生身の人間を縊《くび》り殺すことが合法とされる現場について、もっと現実を知り、想像力を働かせ、その結末がどんな社会的な利益をもたらしているのか、いないのかを考え続ける義務がある。「守秘義務」を理由に、そのことをタブーにしたり、思考を停止させたりしてはならない。

死刑は、命や倫理に深くかかわる重く難しいテーマだ。言葉ひとつ紡ぐのにも、ひとりひとりの死生観が剝きだしにされる。議論が成熟するには時間が必要だ。目の前には、長い長い階段が続いている。これからまだ気の遠くなるような行程を歩まねばならない。渡邉氏は、その一段一段を上がってゆくための材料を私たちに遺《のこ》してくれた。氏の遺言を、これからを生きる人たちのために、社会のために生かしてゆかねばと思う。今回の文庫化がその一助となることを祈ってやまない。

二〇一八年四月八日　　　　堀川惠子

参考書籍・文献

『歎異抄（現代語版）』　浄土真宗聖典編纂委員会編　浄土真宗本願寺派
『教誨百年（上）（下）』　教誨百年編纂委員会編　浄土真宗本願寺派本願寺・大谷派本願寺
『教誨必携』　第一一回全国教誨師大会編
『人生のたから』　篠田龍雄　百華苑
「死刑囚の話」　篠田龍雄　『大法輪』昭和二九年一〇月号　大法輪閣
「左翼思想犯の教誨に関する若干の意見」　栃木恵翠　『教誨研究』第一四巻第一号
「『転向』と仏教思想」　殿平善彦　『講座　日本近代と仏教』第六巻　国書刊行会
『監獄法講義（復刻）』　小河滋次郎　法律研究社
『日本人の「あの世」観』　梅原猛　中公叢書
『死刑の考現学』　勢藤修三　三省堂
『日本見聞記1』　ブスケ　野田良之・久野桂一郎共訳　みすず書房
「死刑囚の記録」『近代犯罪資料叢書7』　田中一雄手記　大空社
『死刑囚の記録』　加賀乙彦　中公新書
『免田栄獄中記』　免田栄　社会思想社
『宗教教誨と浄土真宗』　徳岡秀雄　本願寺出版社

『真宗の教誨』 真宗大谷派教誨師会編
『親鸞』 五木寛之 講談社
『最後の親鸞』 吉本隆明 春秋社
『親鸞復興』 吉本隆明 春秋社
『真宗法語のこころ』 中西智海 本願寺出版社
『歎異抄 最後の一人を救うもの』 古川泰龍 地湧社
『叫びたし寒満月の割れるほど 冤罪死刑囚と歩む半生』 古川泰龍 法藏館
『死刑台への逃走』 長部日出雄 立風書房
『死刑廃止論の研究』 向江璋悦 法学書院
『社会病理の分析視角』 徳岡秀雄 東京大学出版会
『虐待された子どもたちの逆襲 お母さんのせいですか』 佐藤万作子 明石書店
『現代のエスプリ・加害者臨床』 至文堂編 ぎょうせい
『子どもを生きればおとなになれる 〈インナーアダルト〉の育て方』 クラウディア・ブラック 水澤都加佐監訳 武田裕子訳 アスク・ヒューマン・ケア
『矯正施設における宗教意識・活動に関する研究』 赤池一将・石塚伸一編著 日本評論社
『絞首刑は残虐な刑罰ではないのか？』 中川智正弁護団+ヴァルテル・ラブル編著 現代人文社
「絞首刑は残虐か（上）（下）」 堀川惠子 『世界』二〇一一年一月・二月号 岩波書店

解説

石塚伸一（龍谷大学教授）

わたしは、現在、龍谷大学法科大学院の教授として刑事法を担当しています。2005年からは弁護士登録をし、専ら刑事事件を中心に弁護活動をしています。研究テーマは、受刑者の人権、死刑、薬物問題などで、「市民の、市民による、市民のための刑事政策」をスローガンとして、刑事政策を研究しています。「教誨」も研究テーマのひとつで、龍谷大学矯正・保護総合センターを拠点に、宗教教誨の研究をしています。刑務官や教誨師などを養成する矯正・保護課程の運営に携わったことから、本派浄土真宗本願寺派（西本願寺）の関係者の方々ともおつきあいいただき、全国教誨師連盟の研修のお手伝いをさせていただいたこともあります。

わたしと本派の宗教教誨との関係は、前任の北九州市立大学法学部に在籍していたころ、本派の末寺である小倉の栄法山西蓮寺のご住職・黒田英之さんと知己を得たことにはじまります。黒田さんは、1992年（平成4）に直腸癌の手術を受け、翌1

993年には肝臓癌が発見されます。さらに1994年に癌が肺に転移していることを告げられました。先生は、人間は、死に直面すると、「生きることを大切にする」「今日一日を精一杯しっかりと生きようとする」「癌になって、よかった」とおっしゃっていました。そして、死刑の宣告を受けた人に、死刑の判決を受けてよかったと思えるようになってほしいとおっしゃっていました（黒田英之『癌になってよかった——いのちかがやけ——』探究社・1995年）。

教誨とは、受刑者等が改善更生し、社会に復帰することを支援する仕事です。社会復帰のためには、たしかに、改善教育や就労支援のような即効性のある支援も必要ですが、自らの罪を悔い、反省し、罪を償って、新たな気持ちで生きていく心を時間をかけて育てていくことも必要です。迂遠のようですが、このような努力を重ねていくことが、ほんとうの支援なのでしょう。ところが、死刑の教誨は特殊です。「生きていく」こころを説くはずの教誨師が、「死んでいく」ことを手伝うことになるからです。

「生と死」という相矛盾するベクトルは、個人の中で葛藤を産み出し、その爆弾は、恐怖の中で日々大きくなっていきます。わたしの付き合った死刑確定者は、面会のときにつぎのように言っていました。

「控訴をとりさげたときにですね。死ぬと決めたんですね。だから、ご飯なんかもできるだけ食べないようにするんですね。でも、身体はね、生きたいと、こう生きようとするんで、おなかが減って、ご飯を食べるんですね。もう、自分の中でわけがわからなくなって、頭が痛くて、ゲーってなるんです。そんなとき、いっそ死にたいと思って、死刑にしてくれって、大臣に手紙を書くっていったら、それはできないっていわれて……」

死のうという決意と生きようとする肉体が個人の中で葛藤して爆発しそうになる。粗暴になる人もいますが、無口になる人もいる。果ては、精神に支障を来たし、泣きながら笑うような激しい気分の起伏を来たすようです。

この矛盾した仕事を引き受けた死刑教誨師は、確定者の心にある爆発しそうな荷物の一部を引き受け、分かち合い、擁《だ》きかかえます。その力を受け止めることができるのは、信仰を持ち、伝道を一生の仕事とされているからでしょう。

それを見守る刑務官たちは、その荷物をできるだけ一緒に担がないようにして自らを守ります。しかし、耐えられる人たちばかりではありません。心に病を抱えたり、職を退いたり、同僚のために自らを犠牲にしたり、その生き方はさまざまです。

その荷物をさらに重くしているのが、沈黙という公務員の義務です。矯正では、死刑に関する一切のことを「ヤバいもの」として扱います。決して口外の許されない秘密になるわけです。

本書でも登場する田中伊三次法務大臣は別として、歴代の法務大臣も、検察官も、法務官僚も、刑務官も、公務員は一様に口を閉ざし、民間の教誨師にも沈黙を強制してきました。しかし、今回、渡邉普相先生は、沈黙を破り、堀川さんを通じて、わたしたちに遺言を残して逝きました。わたしたちが手渡された荷物の一部は、いままで関係者の中で囁かれていたこともありますが、はじめてのことも少なくありません。

龍谷大学に赴任して15年。最近、「人間は、背負っていた、いや、背負いきれなかった荷物を降ろして逝く。手渡されたことに気づいた人は、悪人になる」と思うようになりました。

わたしたちは、刑によって治安を維持する時代に生きています。そして、その刑事司法が多くの人たちによって担われ、深い苦悶をうみだしている。にもかかわらず、わたしたちは、ほとんど事実を知らず、深い罪に蓋《ふた》をしていてくれる人たちの上にのうのうと胡座《あぐら》をかいています。

法の世界では、善意とは知らないこと、悪意とは知っていることを意味します。これは、ドイツから移入した概念です。「善意（guter Glaube）」とはラテン語のbona fidesに由来し、元来は、誠意とか、聖心といった倫理的・道徳的な意味をもつ概念でした。これに対し、「悪意（böser Glaube）」は、mala fidesに由来し、奸計とか、邪気とかいった非難に値する背信的な含意をもった言葉です。しかし、ローマ法を継受する中でドイツは、法と宗教・倫理を峻別し、宗教的・倫理的意味合いを法から徹底的に排除しました。悪意とは「知」、善意とは「不知」の意味に脱宗教化・脱倫理化しました。

法の世界においても、「悪意とは知ること。善意とは知らざること。自らの罪業に気づかぬ人は善人。己の罪深さを知りながら懸命に生きるのが悪人」。だから、「善人正機す。いはんや悪人をや」ということになります。

わたしは、この〝遺言書〟を宗教家や法律の研究者や実務家だけでなく、将来、裁判員になるであろう多くの市民のみなさんに読んでいただきたい。いま、この国で、みなさんの平和と安全を護るために、こんなに多くの人たちが悩み苦しんでいます。わたしたちは、この現実の幾ばくかでも知り、悪人とならねばなりません、それが、渡邉先生がわたしたちに手渡していった荷物だからです。

本書は二〇一四年一月、小社より単行本として刊行されたものです。

|著者|堀川惠子　1969年広島県生まれ。ジャーナリスト。『チンチン電車と女学生』（小笠原信之氏と共著）を皮切りに、ノンフィクション作品を次々と発表。『死刑の基準―「永山裁判」が遺したもの』で第32回講談社ノンフィクション賞、『裁かれた命―死刑囚から届いた手紙』で第10回新潮ドキュメント賞、『永山則夫―封印された鑑定記録』で第4回いける本大賞、本作『教誨師』で第1回城山三郎賞、『原爆供養塔―忘れられた遺骨の70年』で第47回大宅壮一ノンフィクション賞と第15回早稲田ジャーナリズム大賞、『戦禍に生きた演劇人たち―演出家・八田元夫と「桜隊」の悲劇』で第23回AICT演劇評論賞、『狼の義―新 犬養木堂伝』（林 新氏と共著）で第23回司馬遼太郎賞を受賞。『暁の宇品―陸軍船舶司令官たちのヒロシマ』は2021年に第48回大佛次郎賞を、'24年に山縣勝見賞・特別賞（同作を通じて船舶の重要性を伝えた著者とその講演活動に対して）を受賞した。

教誨師《きょうかいし》
堀川惠子《ほりかわけいこ》

2018年4月13日第1刷発行
2025年4月23日第9刷発行

発行者――篠木和久
発行所――株式会社　講談社
東京都文京区音羽2-12-21　〒112-8001
電話　出版（03）5395-3510
　　　販売（03）5395-5817
　　　業務（03）5395-3615

Printed in Japan

講談社文庫
定価はカバーに
表示してあります

KODANSHA

デザイン―菊地信義
本文データ制作―講談社デジタル製作
印刷―――株式会社KPSプロダクツ
製本―――株式会社KPSプロダクツ

ISBN978-4-06-293867-9

講談社文庫刊行の辞

二十一世紀の到来を目睫に望みながら、われわれはいま、人類史上かつて例を見ない巨大な転換期をむかえようとしている。

世界も、日本も、激動の予兆に対する期待とおののきを内に蔵して、未知の時代に歩み入ろうとしている。このときにあたり、創業の人野間清治の「ナショナル・エデュケイター」への志を現代に甦らせようと意図して、われわれはここに古今の文芸作品はいうまでもなく、ひろく人文・社会・自然の諸科学から東西の名著を網羅する、新しい綜合文庫の発刊を決意した。

激動の転換期はまた断絶の時代である。われわれは戦後二十五年間の出版文化のありかたへの深い反省をこめて、この断絶の時代にあえて人間的な持続を求めようとする。いたずらに浮薄な商業主義のあだ花を追い求めることなく、長期にわたって良書に生命をあたえようとつとめるところにしか、今後の出版文化の真の繁栄はあり得ないと信じるからである。

同時にわれわれはこの綜合文庫の刊行を通じて、人文・社会・自然の諸科学が、結局人間の学にほかならないことを立証しようと願っている。かつて知識とは、「汝自身を知る」ことにつきていた。現代社会の瑣末な情報の氾濫のなかから、力強い知識の源泉を掘り起し、技術文明のただなかに、生きた人間の姿を復活させること。それこそわれわれの切なる希求である。

われわれは権威に盲従せず、俗流に媚びることなく、渾然一体となって日本の「草の根」をかたちづくる若く新しい世代の人々に、心をこめてこの新しい綜合文庫をおくり届けたい。それは知識の泉であるとともに感受性のふるさとであり、もっとも有機的に組織され、社会に開かれた万人のための大学をめざしている。大方の支援と協力を衷心より切望してやまない。

一九七一年七月

野間省一

講談社文庫　目録

講談社文庫　目録

宮部みゆき　ステップファザー・ステップ〈新装版〉
宮子あずさ　看護婦が見つめた人間が死ぬということ
宮本昌孝　家康、死す(上)(下)
三津田信三　忌《い》館《かん》〈ホラー作家の棲む家〉
三津田信三　作者不詳〈ミステリ作家の読む本〉(上)(下)
三津田信三　蛇《じゃ》棺《かん》葬《そう》
三津田信三　百《ひゃく》蛇《じゃ》堂《どう》〈怪談作家の語る話〉
三津田信三　厭魅《まじもの》の如き憑くもの
三津田信三　凶鳥《まがとり》の如き忌むもの
三津田信三　首無《くびなし》の如き祟るもの
三津田信三　山魔《やまんま》の如き嗤《わら》うもの
三津田信三　水魑《みづち》の如き沈むもの
三津田信三　密室《ひめむろ》の如き籠《こも》るもの
三津田信三　生霊《いきだま》の如き重《だぶ》るもの
三津田信三　幽女《ゆうじょ》の如き怨むもの
三津田信三　碆霊《はえだま》の如き祀るもの
三津田信三　魔偶《まぐう》の如き齎《もたら》すもの
三津田信三　忌名《いな》の如き贄《にえ》るもの
三津田信三　シェルター　終末の殺人
三津田信三　ついてくるもの
三津田信三　誰かの家
三津田信三　忌《い》物《よっ》堂《どう》鬼《き》談《だん》
道尾秀介　カラスの親指〈by rule of CROW's thumb〉
道尾秀介　カエルの小指〈a murder of crows〉
道尾秀介　水の柩
深木《みき》章子《あきこ》　鬼畜の家
湊かなえ　リバース
宮内悠介　彼女がエスパーだったころ
宮内悠介　偶然の聖地
宮乃《みやの》崎《さき》桜子《さくらこ》　綺《き》羅《ら》の皇女《ひめみこ》(1)
宮乃崎桜子　綺羅の皇女(2)
三國青葉　損料屋見鬼《けんき》控え 1
三國青葉　損料屋見鬼控え 2
三國青葉　損料屋見鬼控え 3
三國青葉　福　猫　屋〈お佐和のねこだすけ〉
三國青葉　福　猫　屋〈お佐和のねこかし〉
三國青葉　福　猫　屋〈お佐和のねこわずらい〉
三國青葉　母上は別式女《べっしきめ》
三國青葉　母上は別式女 2
宮西真冬　誰かが見ている
宮西真冬　首　の　鎖
宮西真冬　友　達　未　遂
宮西真冬　毎日世界が生きづらい
南　杏子　希望のステージ
嶺里俊介　だいたい本当の奇妙な話
嶺里俊介　ちょっと奇妙な怖い話
溝口　敦　喰うか喰われるか〈私の山口組体験〉
三谷幸喜 松野大介　三谷幸喜　創作を語る
三嶋龍朗 協力 小泉徳宏　小説　父と僕の終わらない歌
村上　龍　愛と幻想のファシズム(上)(下)
村上　龍　村上龍料理小説集
村上　龍　新装版限りなく透明に近いブルー
村上　龍　新装版コインロッカー・ベイビーズ
村上　龍　歌うクジラ(上)(下)
向田邦子　新装版 眠　る　盃
向田邦子　新装版 夜中の薔薇
村上春樹　風の歌を聴け

講談社文庫　目録

森 博嗣　捩れ屋敷の利鈍〈The Riddle in Torsional Nest〉
森 博嗣　朽ちる散る落ちる〈Rot off and Drop away〉
森 博嗣　赤緑黒白〈Red Green Black and White〉
森 博嗣　四季 春〜冬
森 博嗣　φ《ファイ》は壊れたね〈PATH CONNECTED φ BROKE〉
森 博嗣　θ《シータ》は遊んでくれたよ〈ANOTHER PLAYMATE θ〉
森 博嗣　τ《タウ》になるまで待って〈PLEASE STAY UNTIL τ〉
森 博嗣　ε《イプシロン》に誓って〈SWEARING ON SOLEMN ε〉
森 博嗣　λ《ラムダ》に歯がない〈λ HAS NO TEETH〉
森 博嗣　η《イータ》なのに夢のよう〈DREAMILY IN SPITE OF η〉
森 博嗣　目薬α《アルファ》で殺菌します〈DISINFECTANT α FOR THE EYES〉
森 博嗣　ジグβ《ベータ》は神ですか〈JIG β KNOWS HEAVEN〉
森 博嗣　キウイγ《ガンマ》は時計仕掛け〈KIWI γ IN CLOCKWORK〉
森 博嗣　χ《カイ》の悲劇〈THE TRAGEDY OF χ〉
森 博嗣　ψ《プサイ》の悲劇〈THE TRAGEDY OF ψ〉
森 博嗣　イナイ×イナイ〈PEEKABOO〉
森 博嗣　キラレ×キラレ〈CUTTHROAT〉
森 博嗣　タカイ×タカイ〈CRUCIFIXION〉
森 博嗣　ムカシ×ムカシ〈REMINISCENCE〉

森 博嗣　サイタ×サイタ〈EXPLOSIVE〉
森 博嗣　ダマシ×ダマシ〈SWINDLER〉
森 博嗣　女王の百年密室〈GOD SAVE THE QUEEN〉
森 博嗣　迷宮百年の睡魔〈LABYRINTH IN ARM OF MORPHEUS〉
森 博嗣　赤目姫の潮解〈LADY SCARLET EYES AND HER DELIQUESCENCE〉
森 博嗣　馬鹿と嘘の弓〈Fool Lie Bow〉
森 博嗣　歌の終わりは海〈Song End Sea〉
森 博嗣　まどろみ消去〈MISSING UNDER THE MISTLETOE〉
森 博嗣　地球儀のスライス〈A SLICE OF TERRESTRIAL GLOBE〉
森 博嗣　レタス・フライ〈Lettuce Fry〉
森 博嗣　僕は秋子に借りがある I'm in Debt to Akiko〈森博嗣自選短編集〉
森 博嗣　どちらかが魔女 Which is the Witch?〈森博嗣シリーズ短編集〉
森 博嗣　喜嶋先生の静かな世界〈The Silent World of Dr.Kishima〉
森 博嗣　そして二人だけになった〈Until Death Do Us Part〉
森 博嗣　つぶやきのクリーム〈The cream of the notes〉
森 博嗣　ツンドラモンスーン〈The cream of the notes 4〉
森 博嗣　つぼみ茸《きのこ》ムース〈The cream of the notes 5〉
森 博嗣　つぶさにミルフィーユ〈The cream of the notes 6〉
森 博嗣　月夜のサラサーテ〈The cream of the notes 7〉

森 博嗣　つんつんブラザーズ〈The cream of the notes 8〉
森 博嗣　ツベルクリンムーチョ〈The cream of the notes 9〉
森 博嗣　追懐のコヨーテ〈The cream of the notes 10〉
森 博嗣　積み木シンドローム〈The cream of the notes 11〉
森 博嗣　妻のオンパレード〈The cream of the notes 12〉
森 博嗣　つむじ風のスープ〈The cream of the notes 13〉
森 博嗣　カクレカラクリ〈An Automaton in Long Sleep〉
森 博嗣　DOG&DOLL
森 博嗣　森には森の風が吹く〈My wind blows in my forest〉
森 博嗣　アンチ整理術〈Anti-Organizing Life〉
森 博嗣／萩尾望都 原作　トーマの心臓〈Lost heart for Thoma〉
諸田玲子　森家の討ち入り
森 達也　すべての戦争は自衛から始まる
本谷有希子　腑抜けども、悲しみの愛を見せろ
本谷有希子　江利子と絶対〈本谷有希子文学大全集〉
本谷有希子　あの子の考えることは変
本谷有希子　嵐のピクニック
本谷有希子　自分を好きになる方法
本谷有希子　異類婚姻譚

2025年3月14日現在